ローマ法王

竹下節子

角川文庫
21870

目次

序章　ローマ法王とはだれか

法王の三重冠

†知名度と認識度

ローマ法王は多くの肩書を持つ。

「ローマ司教、ローマ管区首都大司教、イタリア首座大司教、西方教会総大司教、ヴァティカン市国元首、全カトリック教会の最高司祭、聖ペトロの後継者、イエス・キリストの代理者」などだ。しかし、いわゆるローマ法王（日本のカトリック教会では教皇と呼ぶ）を表す通称は、パパ、パップ（pape）、ポープ（pope）など、要するに、「おとうさん」というシンプルさである。ローマ法王とはいったい何者なのか。

日本で名前と存在をよく知られている国際的な有名人で、その実、その実態も、地位も機能も影響力もあまりにも知られていない人物の筆頭がこのローマ法王だろう。多くの日本人にとって、ローマ法王は日本を訪問する時には歓迎会やセレモニーの模様が映し出されるメディアティックな存在に過ぎない。ローマ法王が、ローマ市内にある世界で一番小さな国ヴァティカン市国にいるローマ・カトリックの首長だということは知っていても、ローマ・カトリックの信者ではないおおかたの日本人にとっては所詮《しょせん》一人の外国人に過ぎない。有名人だから動向を注目したり、宗教者であるからそれなりの尊敬をはらったりといっても、それはインドに亡命中のチベット仏教の首長であるダライ・ラマに対するものと同じレベルだといってもいいだろう。

もちろんローマ法王がダライ・ラマよりも大きな実際の権力を持っていると認識する人々もいる。しかしその多くは、フリーメイスンやユダヤ人の組織を語るように何やら国際的な暗躍をしているのだろうという程度のもので、認識というよりは偏見に近い。ローマ法王が何よりも、現代社会に大きな影響力を持つ、歴史的かつ政治的な公式の存在であることをきっちり把握している人は少ないだろう。

†影響力の実態

ところが、実は、この認識不足は、国際社会、外交における日本の見識にとって致命的な欠陥となり得るほど重大なことなのだ。

確かに日本のいわゆるカトリック人口は〇・三パーセントに過ぎない。しかし、洗礼を受けずとも、カトリック系の教育施設の世話になった者の数は日本中で一〇パーセントを超すともいわれている。実際、上皇后陛下、皇后陛下を筆頭に、カトリック系のミッションスクール出身の多くの女性が、社会的な影響力の大きいエリート男性と結婚しているという事実も見逃せない。また、明治以来の日本が採用し、好むと好まざるとにかかわらず今の日本の第二の本性となった「西洋文明」の基礎にあるのがキリスト教文化であり、その根底にあるのがカトリシズムであることも忘れてはならない。なぜなら、カトリックというのはかなり特殊に発展してきた高度の官僚組織であり、多民族のせめぎあうヨーロッパを精神的にも具体的にもまとめあげてきたからだ。

近代オリンピックでさえ、世界中に広がるカトリックのドミニコ修道会の人脈を介して実現した。戦後の東西冷戦の終結はまずカトリックが優勢なポーランドから訪れた。欧州連合は現在の世界経済の中心の一つとして機能している。個別の国だけではなくて、「ヨーロッパ」という概念を理解することなしには経済政策も外交政策ももはや成り立たない。イギリス女王は英国国教会の首長であるが、冷戦終結後のヨーロッパの指導者を見ると、ブレア首相夫人は熱心なカトリック信者である。フランスのシラク大統領夫妻もカトリックであり、夫人はカトリックの修道女会のミッションスクール出身で、同窓会を仕切っていた。そこには多くの政治家夫人が属している。夫妻は大統領就任の直後にローマ法王を表敬訪問した。ドイツのコール首相(一九九八年当時)も正統的なカトリックだった。

もちろん彼らが政治の場に直接カトリックの立場を持ち込むわけではない。しかし、彼らの共通点であるカトリック的な常識や感性というものを知ることは、ヨーロッパの理解に新しい視野を広げてくれることだろう。イタリアやスペインなどのラテン諸国がカトリックのアイデンティティと強く結びついているのはいうまでもない。

中南米ラテン諸国もむろん同様である。

また、北米やプロテスタント国においてもローマ・カトリックの存在は大きく重い。かつての巨大な権力であったカトリック教会との葛藤《かっとう》そのものが彼らの歴史的なアイデンティティを形作ってきたからだ。しかも、アメリカの一般大衆向けに「最も尊敬する人物」のアンケートをとれば、その折々の大統領の名の次に必ず第二位としてあがってくるのがローマ法王の名である。なぜなら、アメリカではプロテスタントが優勢だとはいっても、プロテスタントは諸派に分裂しているので、同じ首長を戴《いただ》く宗派としてはローマ・カトリックが人口の約二〇パーセントを占める最大宗派であるからだ（プロテスタントは総数で約四〇パーセント、二〇一四年）。アメリカでもまたカトリック系の教育施設は充実していて、プロテスタントの子弟の多くもカトリック系学校の出身である。

アメリカのカトリック教徒が、労働力として海を渡ってきた貧しいイタリア移民などに代表されていたのは過去のことで、今は教育施設の充実もあって、平均するとカトリック信者はプロテスタント信者よりも高い学歴を誇っている。その中でのトップはアイルランド系で、ユダヤ人と並んでアメリカで最も高い学歴を有する。アイルランド系のケネディ大統領がアメリカ初のカトリックの大統領であったことはよく知られている。犯罪率激減の実績を誇るニューヨーク市長（一九九八年当時）もイタリア系のカトリック信者だ。カトリック系大学に進学するのはカトリックの子弟の三分の一だが、ワシントンのカトリック・ユニヴァーシティやジョージタウン大学、インディアナのノートルダム大学、シカゴのロヨラ、ニューヨークのフォーダム、ボストン・カレッジなど、名門大学も多い。

また教会に高額の献金をする熱心なプロテスタント諸派に比べて、カトリック信者は裕福な者でも献金の額が少なく、プロテスタント信者よりも宗教に醒《さ》めたプラグマティックな態度をとっている者が多い。歴史と伝統の古さからくる一種の距離感を保っていて、むしろ多くの日本人と共通した感覚を持っているのもおもしろい。

アジアはどうかというと、日本の隣の韓国では、毎年一〇万人の成人洗礼が行われていて、これは世界一の数字だ。人口五一〇〇万人のうち一〇パーセント以上がカトリック人口になろうとしている。北朝鮮でも金日成《キムイルソン》の外戚《がいせき》にキリスト教徒がいて、他国に先駆けてまずヴァティカンに食糧援助を求めてきたという情報もあった。現にドイツ・カトリックのベネディクト修道会が二〇〇床のカトリック病院を作っている。

またフィリピンのような東南アジア地域にもカトリック的な視点が広く根を下ろしていることはかなりよく知られている。日本のカトリック教会のセレモニーでも、地域によってはたくさんのフィリピン人が参加してコミュニティを形作っている。ベトナムやカンボジアなどの旧フランス植民地の指導者やインテリたちの多くは、フランス系のミッションスクールの出身だった。そのおかげで、仏教徒にとどまってはいてもカトリックの知識と教養を身につけた人が多い。日本のカトリック修道会に助けられたベトナムのボートピープルがそのまま信徒となったケースも少なくない。八〇〇万人の隠れ信者を擁するという中国のカトリック組織は、共産主義政権に抵抗する地下組織の拠点の一つになっている。一九九七年一〇月に聖母マリアのモニュメントを建てようとして逮捕された中国人司教の安否は、欧米の政治家の注目の的になった。

カトリックは単なる宗教組織ではなく、ヴァティカンは独立国であり、国連にも加盟している。国土は四四ヘクタールで世界最小であるが、国境を超えて世界に九億(一九九八年当時、二〇一七年では一二億人以上)の信者を有し、絶えず情報を発信し続けている。まさにネットワークを駆使した最先端の巨大なヴァーチャル国家という側面をもつ。経済的にも、宗教美術の遺産はもちろん、たとえば、フランスではパリのヴィクトワール広場にあるケンゾーのブティックの建物を初めとして、毎年一九〇億フラン（約三〇億ユーロ）にのぼる家賃収入をもたらす一等地のアパルトマンを所有しているように、世界中に財源をもった一大勢力である。

その頂点に立つローマ法王は、まさに超国家的、いや超宗教的な怪物だとさえいえるだろう。実際、共産主義が崩壊した現在では、ローマ法王の関心は、異宗教間の対話であり、同じ旧約聖書に端を発した一神教であるユダヤ教、イスラム教との接近和解に向かっている。キリスト教仲間であるギリシア正教やロシア正教、プロテスタントとの歩み寄りはいうまでもない。西暦二〇〇〇年には、これらの宗派の代表者とともにシナイ山にのぼって新しい時代を祝おうというのが法王の願いでもあった。

ところが、おおかたの日本人にとっては、ローマ法王は相変わらずメディアティックな存在にとどまっている。政治家や財界人やインテリも一般にキリスト教に関する認識を欠いている。それどころか、カルト宗教によるテロ事件を経た後では、宗教一般をますます遠ざける傾向すらあるほどである。

一方、世界中で日本と関係の深い多くの国々の人にとっては、ローマ法王に対する認識というのは、単なる常識ではなくて、文化や精神の核に関わっていることなのだ。日本が、彼らのその認識への洞察を正しくなし得るならば、「国際社会」での一挙一動の意味が違ってくることは疑いがないだろう。歴史や文化を見直す新しい視野さえ開けてくるだろう。

いや、それればかりではない。ヴァティカンという国家が、歴史の波に洗われて身につけた老練な知恵を駆使して世界の国際舞台でいかにふるまっているかを観察することは、日本の外交にも光を投げかけてくれる。その一例が謝罪外交である。

†謝罪外交

全世界に億単位の信者を有し、一人の首長を戴く教派としては世界最大を誇るローマ・カトリックの首長であるローマ法王は、生き神のように絶対の正義、絶対の真理を擁していると見なされているのだろうか。答えは否である。それどころか、(一九九八年当時)法王の座について二〇年以上になろうとしていた法王ヨハネ＝パウロ(ヨハネス＝パウルス)二世が、公式の文書で何と九四回もカトリック教会の非を認めている。そのうちの二四の文書は「私は赦《ゆる》しを請う」という言い回しを含んでいる。

そのテーマは教会が犯したと思われる人種差別、性差別、暴力など多岐にわたっている。特に一九九四年の春からは二〇〇〇年紀の最後に向けての教会の反省の姿勢が強くなった。

自ら過ちを認めて謝罪するという行為はヨハネ＝パウロ二世が始めたことではない。ヨハネ（ヨハネス）二三世は戦後ユダヤ人やイスラム教徒を攻撃する祈りの文句を修正したし、その後のパウロ（パウルス）六世は一九六三年の第二ヴァティカン公会議の第二セッション開会の辞でカトリック以外のキリスト教諸派を「別れた兄弟たち」と呼んで、それまでの異端糾弾の歴史を謝罪した。

もっとも、それ以前に法王が謝罪した例はというと一五二三年のハドリアヌス六世に溯《さかのぼ》る。プロテスタントが、堕落したカトリック教会の非を唱えて反旗を翻した宗教改革の時代だった。法王は法王庁内の醜聞を認めて、それらを一掃するよう努力することを言明した。その態度がその後のカトリック内部の改革を可能にしたのだ。

権力者が自らの非を認めたり一国が歴史上の過ちを認めて謝罪したりするという行為はいつも非常な困難をともなっているものだが、今のカトリック教会は驚くべき熱心さでそれをしている。第二次大戦中のナチスによるユダヤ人虐殺にカトリック教会が沈黙していたことに対する謝罪はその代表的なものだろう。当時のカトリック教会は、特に宗教を弾圧した新興ソヴィエトの共産主義勢力を恐れるあまり、ソヴィエトへの盾ともなるナチス政権に積極的に非を唱えなかった。ドイツ国内のカトリック弾圧を招かぬための保身でもある。

とはいっても個別教会のレベルでの態度表明はあった。オランダのカトリック教会とプロテスタント教会は一九四二年にナチス批判の立場をとった。しかしオランダのユダヤ人の九二パーセントが殺されたという結果は変わらず、もっと積極的な戦いをすべきではなかったかという反省が一九九五年に発表された。

ドイツでも神学者カール・バルトに代表される反ナチスのプロテスタント教会が存在した。しかしナチスの意向を汲《く》んだ国家主義の教会が勢力をもち、戦後の一九四五年には他の教会に対して過ちを認める宣言をしている。個人では、ベルリン大聖堂のリヒテンベルク参事会長がナチスの政策を攻撃し、その功績で一九九六年に法王から福者（聖人になる前段階）の列に加えられたことも今のカトリックの立場表明であろう。ドイツのカトリック教会は一九四五年の六月に、ユダヤ人虐殺は悲劇であったとコメントしたが、ナチスの犯罪に対して沈黙したことについての悔悟を正式に発表したのは一九七五年のことだ（ヴァティカンがイスラエルを国家として認めたのは一九九三年である）。

フランスのカトリック教会は、一九九七年の九月にようやく謝罪表明をした。ドイツ占領下にあったフランス国内の多くのユダヤ人を収容所に送る中継地となったパリ郊外のドランシーで、フランス・ユダヤ教会の首長らを招いて、「未《いま》だ抗議と保護とが可能でありかつ必要であった最初の時期に援助をしなかったという責任を負い、その過ちを宣言する。我々は神に赦《ゆる》しを請うとともにユダヤの人々がこの悔悟の言葉を聞きとどけてくれるよう願うものである」とサン・ドニの司教が読み上げた。

ユダヤ人に対する謝罪だけではない。フランスのカトリック教会は、一九九七年七月になってパリのサン・ジェルマン・ロクセロワ教会に新教徒（プロテスタント）の代表を招いて、四世紀前の聖バルテルミーの虐殺事件を正式に謝罪している。宗教改革時代には、もちろん新教徒によるカトリック教徒の虐殺も存在したわけだから、今になってカトリック側が一方的に謝罪するというのは一種のスタンドプレーだと見られかねないほどだ。このように現カトリック教会の精力的な反省合戦の「身の軽さ」はなかなか印象的である。

しかしこれは現在の、ローマ教会全体としての確固たる方針なのだ。法王自身が、古くは十字軍による侵略への反省やルネサンスのガリレオ・ガリレイに対する糾弾の取り下げから、宗教改革のルターの破門の取り下げ、聖バルテルミーの新教徒虐殺の謝罪、再征服《レコンキスタ》当時のスペインのイスラム教徒への謝罪、アメリカ先住民の虐殺や黒人奴隷の売買、異端審問の専横にいたるまで、あらゆる機会に謝罪している。ヨハネ＝パウロ二世がポーランド人であるからこれらの罪の重さに耐えやすかったのだという意見もある。十字軍にもスペインの再征服《レコンキスタ》にも、異端審問大法廷にも、ガリレオ裁判の法廷にも、黒人奴隷商人の中にも、ポーランド人はいなかったからだ。一九九六年六月に訪独した折には、わざわざルターの教会に行って破門を取り消そうとしたが、反対にあってあきらめている。二〇一六年一〇月に始まったルター宗教改革五〇〇年記念年は、フランシスコ法王がスウェーデンのカテドラルでルター派と共に祝い、一年後には、ヴァティカン郵便局が十字架の下にルターを描いた記念切手まで発行した。

それにしても、仮にもひとつの宗教の首長ともあろう者が、何世紀も前の「過ち」にいたるまでこうしていとも簡単に謝罪してしまうのにはどのような背景があるのだろうか。

これが普通の国家なら、戦争や国際問題についての公の謝罪をするとなると、ナショナリズムから自虐史観まで、ありとあらゆる思惑の対象となる。その理由は、普通の国家の謝罪には、当然物質的な賠償問題がともなうからだ。金、領土の割譲、主権の委譲などである。また謝罪を実際に行う個々の政治家や元首にもリスクがかかる。それは次の選挙における当落であったり、権威の失墜や世襲の断絶だ。

その点、ローマ法王はこれらすべてから自由である。ヴァティカンは主権を有する国家として認められ、国連にも議席をもっているが、いわゆる領土はない。教会や修道会を通して世界中に不動産や文化遺産をもっているし世界中から喜捨があるが、賠償金として差し出す種類の金ではない。首長であるローマ法王はいわゆる国籍を超越している。ヴァティカンの主要構成民であるカトリックの聖職者たちは独身制を保っているから家族を持たず、ヴァティカンで生まれて育つ聖職者などいない。ローマ法王は原則として終身制であるが、子孫がいないから世襲は不可能だ。基本的に独立した成人のみを構成員としている上に、中核となる教えには共通の了解事項があるから歴史教育の配慮も必要ない。自国内での意見の調整や票集め、人気取りの画策も意味をなさない。保守保身の論理を前提としないのだ。

ローマ・カトリックは罪の懺悔《ざんげ》告解のシステムを高度に発展させてきた。どんな罪でも自分で告白して悔悟の念を示しさえすれば基本的には赦される。告解は、第二ヴァティカン公会議まではラテン語で「mea culpa」（メア・クルパ、私の過《あやま》ちなり）と言って胸を叩《たた》くことから始まっていた。告解の後で、司祭は罪障消滅を宣言してやる。もっともそれぞれの罪の軽重によって、祈りや断食などの贖罪《しょくざい》行為が要求されるし、たとえ神の名によって司祭から罪を赦されたとしても、世俗の法廷で裁かれ直して刑に服する場合もある。しかしカトリックの伝統の中で、ともかく罪を告白しさえすれば、霊的には浄められ、良心に恥じるところがなくなるという認識には大きなウェイトがおかれていた。

その背景には「もしあなたの兄弟が罪を犯すなら彼をいさめなさい。そして悔い改めたらゆるしてやりなさい。もしあなたに対して一日に七度罪を犯し、そして七度『悔い改めます』といってあなたのところへ帰ってくればゆるしてやるがよい」（ルカ一七－三、四。以下、引用は日本聖書協会発行『口語訳聖書』より）というイエスの言葉がある。またペトロが罪は七回までゆるせるのかときいたとき、イエスは「七度を七〇倍するまで」とも答えている（マタイ一八－二二）。その上、何といっても、その第一弟子のペトロ（ペテロ）、初代ローマ法王であるペトロ自身がイエスを裏切ってしまった。イエスが捕らわれた夜に、係わりあいを恐れて、鶏が鳴くまでに三度も、「イエスを知らない」と偽ったのだ。イエスを裏切ったことを恥じ、悔いたペトロが、復活したイエスにゆるされた、というエピソードがキリスト教信仰の出発点になったことも大いに関係しているだろう。

つまり、謝罪することで神に対して恥じるところがなくなるという了解があるので、ローマ法王は、謝罪外交をして各国に土下座して回っても決して侮られないどころか尊敬すらされるのだ。実際、法王は行く先々の国で、空港に降り立つとまずその国の地面にひれ伏して大地に接吻《せっぷん》するという儀式をする（老齢と健康上の理由でその姿勢が無理になってからはわざわざ接吻用の土を盆の中に用意しておいてもらっている）。ローマ法王の謝罪や謙遜《けんそん》はそのまま神の祝福につながるのである。

もちろん自らも、一九八一年の暗殺未遂事件の犯人を獄舎に訪ねて罪の赦しを宣言したように、率先して「赦し」を実践している。謝罪と謙遜は、加害者と被害者の間の互いの潜在的な赦しあいを前提としているからこそ、積極的で効果的な使徒的使命の一環と認められているのだ。

このように、ある倫理に基づいて確固たる態度をとることは、外交における謝罪問題でいつも内外ともに戦々兢々《きょうきょう》としている日本の政治家などが一度深く考えれば役に立つのではないだろうか。ローマ法王ウォッチングはいろいろな意味で実に示唆に富んで興味深いといえるだろう。

以下の章では、まずヴァティカンの実際を紹介した後で、ローマ法王という世界史の怪物の姿をさらに明らかにするために、過去、現在、未来の重層するコンテキストの中にそれをさぐってみよう。そうすることで、私たちが、知識を広げるだけではなく、西洋史を見直し、現代社会をより深く理解し、かつ未来の世界をよりよく読み取り、うまく生き抜く一助となれば幸いである。

第一章　ローマ法王のホームグラウンド

洗足木曜日のサン・ピエトロ大聖堂

†ヴァティカン市国

ヴァティカン市国はローマ法王のホームグラウンドである。ピウス一一世はヴァティカンのことを「最大のエスプリを入れるための最小の体」だと形容した。ローマを流れるテヴェレ川の右岸に広がる四四ヘクタールの土地の中に、法王聖座であるサン・ピエトロ（聖ペトロ）大聖堂と法王宮殿、主要な行政上の建物が立ち並んでいる。

ここに住んでいるのは二〇〇人あまりだが、常時三〇〇〇人の職員が働いている。貨物駅もヘリポートも備え、国旗、軍隊、政府、憲法、銀行、医療所、消防署を有し、独自の切手（ヴァティカン内の郵便局で投函《とうかん》する郵便物にのみ通用するので高い収集価値をもっている）や通貨（イタリア造幣局で製造され、イタリア国内で流通する）、パスポートを発行するれっきとした独立国家だ。世界の一六〇カ国以上がヴァティカンと正式な外交関係をもっている。国歌はないがグノー作曲の法王歌がある。

各省の長と住民たちは車に「CV」のヴァティカン・プレートをつけ、職員からなるサッカー・チームはヴァティカン・ナショナルチームと呼ばれる。

サン・ピエトロ広場に集まる群衆に向かって法王は、年に二回、復活祭とクリスマスに五〇ヶ国語以上で祝福の言葉を述べる。それはテレビやラジオを通じて世界十二億人以上のカトリック信者に伝えられるのだ。（ベネディクト一六世は二〇一二年、在位最後のクリスマスの祝福をエスペラント語を含む六五カ国語で述べたが、その後のフランシスコはイタリア語で全ての人を祝福している）

広大なサン・ピエトロ大聖堂と、向かって右に続く法王宮殿（ヴァティカン美術館や図書館を含む）には一万もの部屋と九七七の階段があるといわれ、そのうちの三〇が秘密の階段であるという。

†ヴァティカンの軍隊

ヴァティカンの軍隊といっても、実は一〇〇人ばかりからなるスイスの護衛兵であり、ローマ市内の飛び地である国境部分と法王の警護に当たっている。一五〇九年に法王ユリウス二世によってこの護衛兵の制度ができた。金色と青を主に、赤をアクセントにした縦縞《たてじま》のユニフォームをデザインしたのは、ミケランジェロともいわれる。頭には赤い房のついたヘルメットをかぶって長い槍《やり》を抱えた兵士たちは、身長一メートル七四センチ以上のスイス人男子から選ばれる。もちろんカトリック信者で兵役年齢に達した志願兵のうち厳しい審査を通過した者ばかりだ。彼らはよく訓練されているが、もはや観光の目玉でもあり、ヴァティカンを生きたルネサンスのテーマパークにしている。

毎年五月六日には聖ダマシウスの中庭で新入隊員の入隊式と宣誓式が執り行われる。どうしてこの日であり、どうしてスイス兵ばかりになったかということにはわけがある。一五二七年の五月六日の有名なローマ略奪の戦乱の最中に、法王を護衛して一四七人のスイス兵が戦死したという故事である。それは一五一九年に神聖ローマ帝国のカルル五世となったスペイン王カルロス一世の軍隊による殺害であった。今も法王は、新入隊員を閲兵《えっぺい》するとき、ていねいに感謝の言葉を述べることを忘れない。

そもそもなぜスイス兵が当時法王を守っていたかというと、一五世紀の末に精強を誇るブルターニュ公国の大軍とわたりあって撃退したことからスイス歩兵の優秀さが広く知られるようになって、傭兵《ようへい》として取引されるようになったのだ。その最大の雇い主がフランスと法王庁だった。思えば、一六世紀のスイスといえば、ルターと並んで宗教改革の雄となりローマに反旗を翻したフランス人のカルヴァンが亡命して『キリスト教綱要』（一五三六）を出版した国であり、その後もプロテスタントの拠点となった州があることは皮肉だ。

もっとも、その他にも通常警備に当たるイタリア人の警備隊が存在しているが、こちらはずっと地味な存在だ。

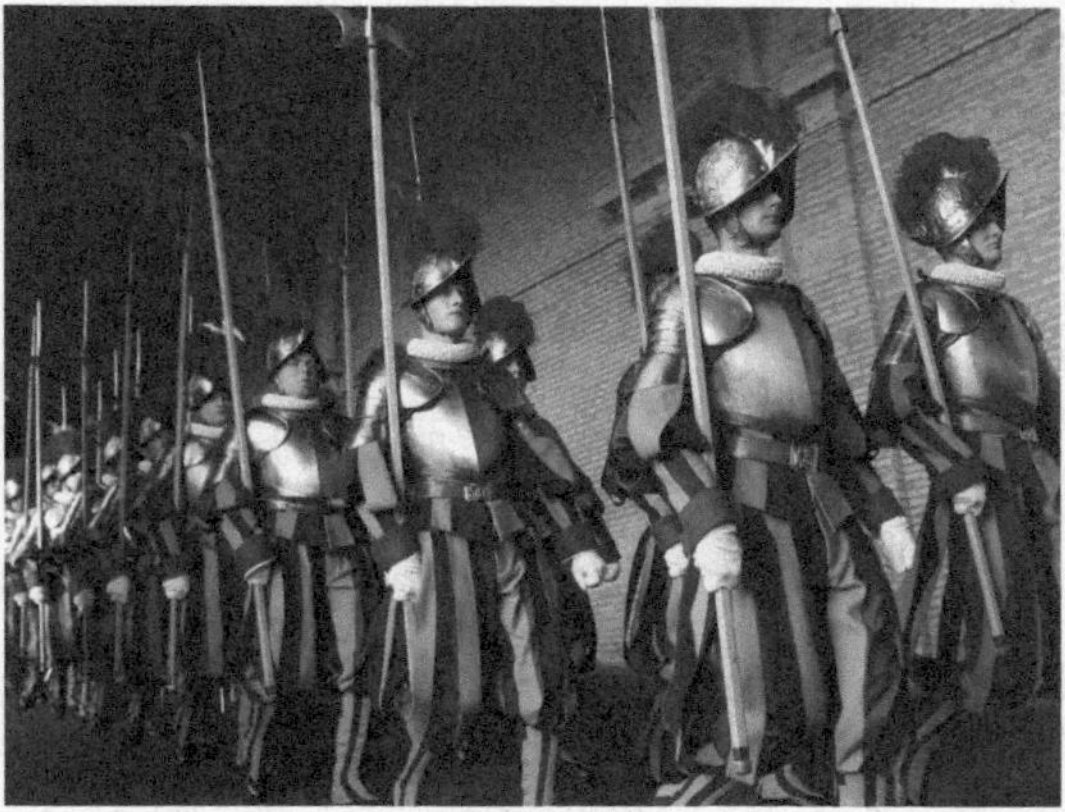

法王庁のスイス衛兵（写真提供：ロイター＝共同）

†ヴァティカンの風景

朝の五時半、人気《ひとけ》のないサン・ピエトロ大聖堂前の広場に清掃車のモーターの音が聞こえる。ローマ市の清掃局から特別に出向している清掃員がその任に当たっている。

法王の朝のミサに招待されている人々は、七時前にサン・ピエトロ広場の右手にある聖アンナ門に集まる。左手のスイス衛兵舎の裏側にある急な階段を五階まで上ると、警官が守るエレベーターのある小さな中庭に出る。法王の秘書か修道女がそこまで降りてきて招待客を案内する。エレベーターにのって青銅門をくぐると、上着や荷物を置ける控えの間があるって、そこから廊下を伝って礼拝堂《チャペル》に入ると、法王がすでに祈っている。

ヴァティカンの建物は何世紀にもわたって拡張されたこともあって非常に複雑だ。サン・ピエトロ大聖堂の石はその歴史を物語る。まず奥の巨大な丸天井の下ではミケランジェロの装飾の意図と建築の一致が見られるが、それから内陣を後ろ向きに戻ると、両脇に並ぶ最初の礼拝所《チャペル》群は、宗教改革時代の緊張を表して簡素で厳しい。やがて、柱にたくさんのまるまるとした小さな天使たちが飛び交いはじめる。これはトリエント公会議（一五四五〜六三）を経て、落ち着きと自信とを取り戻したカトリック教会の喜びを象徴するバロック芸術である。中央の天蓋《てんがい》は装飾過多で悪趣味だという批判も受けるが、ともかく演劇的な別世界を表出させる効果はもっている。

ベルニーニがデザインした広場は、ローマ市民や世界中から来る観光客や巡礼者が法王の言葉を聞き祝福を受けようとして集まる場所でもある。この広場で、一九八一年の五月、トルコ人テロリストが法王を狙撃《そげき》した。その時の弾丸は、ポルトガルの巡礼地ファティマの聖母の王冠に飾られている。

夏場には法王が直接降りてきて広場がセレモニー会場になることもあるので、ここには椅子が取り付けられる。その椅子はアメリカ人たちから寄贈された。一九七五年九月一四日に最初のアメリカ人聖女の列聖式にやってきた巡礼者たちだ。アメリカのメリーランドで一八二一年に四六歳で死んだエリザベス・アン・ベイリー・シートンがその記念すべき聖女だった。この人は五人の子の母だが、二九歳で未亡人となった後で聖ヨセフ慈悲の修道女会を創立した。プロテスタントの生まれであったが、イタリア旅行をした後でカトリックに改宗したという。

ヴァティカン市国政庁の事務所は国際的だ。たとえば世界中の信者組織を連携する部署には二〇人の常勤職員がいて、一四人のイタリア人のほかにアメリカ人、ポーランド人、スペイン人、ウルグアイ人、アルゼンチン人、フランス人がいる。責任者はアメリカ人だ。ふだんの共通語はイタリア語だが、みんなで祈る時はラテン語が使われる。各国語に対応するために、パソコンのキーボードはアクセント記号の多いスペイン語に統一されている。五年を任期とする非常勤のアドヴァイザーが二六人いて、すべてボランティアの信者である。いろいろな国のいろいろな社会階層と年代にわたって法王が直接選択した人々だ。彼らは一年半に一度、八日間から一〇日間はローマにやってきて、同時通訳付きの会議に出席する。

ヴァティカンには世界中から司教たちも集まってくる。一九六〇年代の第二ヴァティカン公会議の時には一度に二〇〇〇人の司教が一堂に会したこともあるが、それ以外は、いわゆる《アド・リミナ ad limina》（正確には ad limina apostolorum つまり

「使徒のもとに」という意味)と呼ばれる五年に一度のヴァティカン訪問の義務を果たしにやってくるのだ。これは宣教中の聖パウロが、少なくとも二度はエルサレムにいた聖ペトロのもとに赴いて自分の広めている福音をチェックしてもらったという故事に基づいている。

普通同じ国の二、三人のグループでやってくることが多いが、時には二〇人ほどの団体でやってくることもある。事前に司教区の報告書を送っておかなくてはならない。着くと必ず法王と個別の面会があり、その他に聖ペトロと聖パウロの墓に参る巡礼をしなくてはならない。具体的にはサン・ピエトロ大聖堂と、ローマ市内のサン・パオロ・フォリ・レ・ムーラ大聖堂（壁外の聖パウロ教会。昔は都市の城壁外にあった。聖パウロの殉教の地であるオスティア街道に四世紀に建てられたもの）に参るということだ。大体一週間ほどの滞在が平均で、自国に縁のある聖人に捧《ささ》げられた教会でミサを挙げたり、自国の修道会の支部や各種修道会本部にいる自国の修道士に会ったり、ローマにいる自国の大使と会見したりする。

もともと司教というのは、全員がイエスの使徒の後継者であって、同じ聖霊を授けられた者である。だから、本来ローマ司教であるローマ法王と霊的には平等な立場にある。しかしローマ法王が首長としての役割を果たして世界中の司教の報告を受けていることの意味は大きい。一八七〇年から一九二九年にいたる六〇年近い間、法王が国の主権を失って宮殿に軟禁状態にあった時も、世界中の司教との交流は続いていたし、世界中に聖職者である役人を派遣してもいた。

ヴァティカンは主権国だが、「法王庁」は国際的に認められた法人である。ローマ法王がイタリアに主権を奪われて主権国の首長ではなくなったときも、法人である「法王庁」は国際的に存在し続けてきた。ローマ法王はその代表であり続けたのだ。

世界中に散らばる四〇〇〇人の司教と法王の間で、戦争中の国やクーデターの国、飢饉《ききん》の国など、それぞれの具体的な問題が具体的に検討される。その力があったからこそ、一九二九年にヴァティカンに主権を取り戻した時に、すぐに一国としての立場を世界中に認めさせたわけだ（二〇一五年の統計ではカトリックは世界中に五三〇四人の司教、四〇万人以上の司祭、二〇万以上の教育施設、一〇万以上の病院、養護施設などの福祉施設を持つ）。

正午には丘の上から空砲の音が響き渡る。ローマの人々の多くは自分の時計が合っているかをこの時に確かめ、手早く十字を切る者もいる。ヴァティカンではこの空砲とともに、聖職者だけでなく外部から通う職員たちも天使祝詞を唱える。個人が静かに黙禱《もくとう》することも、手近のチャペルに集まっていっしょに祈ることもある。昔はヨーロッパのどこでも見られた光景だ。

ヴァティカンではこの黙禱は規則ではなく自発的に行われている。ヴァティカンの仕事は能率を第一義とはしない点で時代錯誤的である。どんな決定も、一人がさっさと決めてしまうということはあり得ず、みんなでのんびりゆっくり考える。普通の世界の一年がヴァティカンでは一〇年かかると揶揄《やゆ》されることもあるし、旧弊の除去に時間がかかることに不満の声をもらす者もいる。しかも世界中で「善」とされる民主主義や多数決の原則もここでは通用しない。ヴァティカンは全カトリック教会とともに、分けることのできないイエスのひとつの体だと見なされているからだ。そこでは同じ「聖霊」がネットワークの媒体となって、完全な調和のもとの合意が得られない限りことは進まないのだ。逆にこの「聖霊」を体現するときは、たった一人の法王や司教が全教会の名で語ることも可能だ。世界一二億以上のカトリックをまとめるために極度にヒエラルキーが発達した役所機構かと思うと、生産性や利潤や個人の野心や民主主義などがまったく通用しない不思議の国でもあるのだ。

職員たちは何よりもイエス・キリストのために働いているという自覚をもっている。時の法王に忠誠を尽くす義務はあるが、法王の権威に対するスタンスは狂信的なものではない。法王が世襲制ではなく、自分の家族をもたず一代限りをイエス・キリストに捧げて選ばれる存在であるからかもしれない。

†法王の一日

法王（ヨハネ＝パウロ二世）がヴァティカンにいる一日をたどってみよう。

プライヴェートな居室スペースには早朝暗いうちから明かりが灯《とも》る。法王宮殿の最上階にあって、晩年に体が不自由になったパウロ六世（一九六三〜七八）が外気浴できるように工事した屋上テラスに出られるようになっている。東南の角にある三〇平方メートルの広さの簡素な寝室のナイトテーブルには、両親の写真の入った銀枠の写真立てと十字架との間にグレーの電気スタンドがある。ベッドから五メートル先に暗紅色の革を張った事務机があり、真鍮《しんちゅう》のランプがある。机の上の楕円《だえん》形の写真立ての中にある母親の写真と、故郷のポーランドの有名な巡礼地であるチェンストホヴァの黒い聖母の写真の前で、法王は祈りと瞑想《めいそう》にふける。

それからシャワーを浴びに行く。一九九四年の四月末にバスルームで転んで大腿骨《だいたいこつ》を折るという事故があって以来、床には滑り止めが施されている。前夜に側近の修道女によって用意された僧服と頭巾つき肩掛けとを身につける。法王の身の回りの世話をしているのは、ポーランドのクラクフから来た聖心（サクレ・クール）修道会の黒服をつけた五人の修道女と、六〇年配の元警備隊員アンジェロである。家族の大半を若くして病気で失った法王にとっては、彼らは真の家族でもある。
その他の修道女が衣服を整えたり常備薬を揃えたり、二〇室からなるプライヴェート・スペースの掃除や、イタリア風とポーランド風が混在する食事の支度を受け持ったりしている。口述筆記の秘書役を務めているのは五カ国語を操るシスター・エウフロジナで、専用のラップトップのコンピューターをもっている。

朝六時半になると法王は、パウロ六世がしつらえた白大理石でできたプライヴェートのチャペルに入る。このチャペルはシクストゥス五世の中庭に面している。祭壇にある青銅の十字架像の前の床に跪《ひざまず》いて独りで祈るこの時間が、法王にとって最も貴重なひとときである。修道女たちが大蠟燭《ろうそく》に火を灯す。その後で聖職者である二人の秘書が法衣と帽子をもってやってくる。公式の一日が始まるのだ。

七時ちょうどに、先日秘書によって決定された一五名ほどの招待客がチャペルに入ってくる。法王は彼らとともにミサを挙げる。ミサはイタリア語、ポーランド語とラテン語の他に、その日の招待客の国籍にあわせた言葉で挙げられる。外国に行く前には、訪問予定の国の言葉でミサを挙げる練習もする。

招待されるのは世界中の司教区から五年に一度の報告の義務にローマにやってくる

司教たちや、ローマに本部をもつ修道会の会長たち、次の日曜日に訪問予定のローマの小教区の司祭（法王はローマ司教区の司教でもあるので、ヴァティカンにいる時は毎日曜日に各小教区をまわる）、ポーランドからきた友人たちなどだ。最高五〇名を超える時は、廊下でミサを聞く人もあるが、みな法王の手ずから聖体パンを拝領する。法王付きのシスターたちは毎回出席し、聖歌を歌うこともある。

一時間後には招待客たちと、クルミ材の書棚が並ぶサロンで数分間の会見の時を過ごす。その様子は、法王付きの公式カメラマンであるアルチューロ・マリによって撮影されて客の一生の記念となる。彼らに挨拶《あいさつ》した後で、法王はみやげのロザリオ（数珠《じゅず》）と自分の写真入りのキイホルダーを手渡す。幾人かはそのまま朝食の席に招待されて残る。修道女たちが、コーヒーか紅茶、ミルク、スクランブルエッグ、ハム、チーズ、バター、ジャム、すでに切り分けてあるパンなどを、ピウス一一世の紋章入りで金の筋が入ったアイボリー色の磁器の食器にのせて、楕円のテーブルについた客たちに給仕する。

法王が客と共に食事をするという習慣はごく新しいものだ。客は、まったく無名の人々もいれば、ベルギーの王族やフランスの政治家（レイモン・バールなど）、哲学者（ジャン・ギトンなど）からサッカー選手のマラドーナにいたるまで幅広い。

朝食後は居住スペースに戻り、イタリア語、ドイツ語、英語、フランス語の一般新聞に目を通す（法王は英独仏伊西語、ポーランド語、ラテン語の七ヵ国語を自由に話し、ポルトガル語やいくつかのスラヴ語も解する）。さらにヴァティカンの公式日刊紙である『オッセルヴァトーレ・ロマーノ』が法王の紋章が刻印された白い革のホルダーに入れられて運ばれる。国務省によって用意されたプレス用の文書にも目を通す。その後で、ポーランド語のカトリック週刊誌を読む。

その後、一一時までは壁に厚手のベージュの布が張りめぐらされた執務室に閉じこもる。大きな机はマホガニー製で、秘書が同時に仕事できるようになっている。この机から『命の福音』（一九九五年発売、五二ヵ国で四〇〇万部を売った回勅《かいちょく》）を初めとするベストセラーが生まれた。執務室には電話が三台ある。白は秘書室と法王の居住スペースにつながり、グレーは法王庁のすべての機関につながり、黒は外線である。数メートル先の丈の高い窓の前には滑り止めつきの段があって、ここから法王はサン・ピエトロ広場を見渡せる。

一一時には公式スペースの三階にある図書室で、公式の謁見が行われる。各国の元首や大使、枢機卿《すうききょう》、国際公務員などと、語学力を生かして通訳なしで自由に会談する。抜群の記憶力と広い文化的教養の醸し出すカリスマ性に人々は大きな感銘を受けるという。学生時代に培った舞台役者としてのせりふ回しも役に立っているのかもしれない。みやげものや、金銀ブロンズのメダル（勲章）の授与もなされる。

世界中から五年に一度の定期報告にくる司教たちとは個別に話し合う。このような個別会談は年五〇〇回にも達する。

法王宮殿のサロンで各種巡礼団にも会う。司教か枢機卿か代表者が巡礼団を紹介し、法王は前もって用意した挨拶を述べた後、手を差し伸べて祝福を授ける。その後で壇上から降りて、巡礼者に一人一人声をかける。何百人からなる巡礼団であっても同様だ。客をそのまま昼食に誘うこともある。法王が特に大切に思っているのは障害者や病者の巡礼団だ。難民や高齢者などの社会的弱者たちも同様だ。

子供たちのグループも特別あつかいを受けている。毎週水曜の朝は一般の訪問客よりも先に子供たちを引見し、真剣に会話したりいっしょに歌ったりする。クリスマスの前の日曜日にはサン・ピエトロ広場にローマの小学生全員が招かれる。みなが、家庭に飾る赤ん坊のイエス像をもってきている。法王はイエスの誕生を告げる天使祝詞を述べた後でそれらにまとめて祝福を授けるのだ。

毎水曜日は、子供たちだけではなく、広大なパウロ六世のアウラ（ネルヴィ接見ホール・一九七一年に造られた）で、世界中からやってくる八〇〇〇人から一二〇〇〇人の人々の前に姿を見せて話をする。事前に無料のチケットを申請した者はだれでも入ることができる。その時間の前と後は付近の交通が渋滞するほどだ。

昼食後は三〇分ほど休み、その後は一時間ほどテラスで聖務書を読んだり、語学の勉強をしたりする。その後で執務室に戻って六時半まで仕事をする。六時半には、各省の役人の報告を受ける。熟慮すべき事項に関しては、この時に書類を預かる。特に人事に関しては即決せずにじっくり考えるのが常である。八時に夕食をとるがこれも何人かの客と共にする。まったくプライヴェートな食事というものはないわけだ。食後も執務室に戻り、書類を検討したり、修正すべき点のために次の日に役人を呼び出す手続きをする。法王庁の出す文書は、法王の署名のいらない文書でも全部必ず目を通す。

午後一〇時四五分、長い一日は、祈りと終禱によって終わる（もっとも、パウロ六世などは不眠症であり夜にも執務をしていたという）。

このほかに法王は、一司祭としての役目も大事にしている。チャペルの中で、ヴァティカン内で働くタイピストと鍵師《かぎし》の結婚式のミサを挙げたり、執事の息子の洗礼を授けることもある。毎月第一土曜日には、ラジオで放送される「ロザリオの祈り」を唱えるし、聖体の前で毎日祈ることも忘れない。

日曜日の昼には宮殿の窓から人々に祝福を授け、そのコメントはテレビやラジオでも放送される。夏には夏の別荘であるローマ郊外のカステル・ガンドルフォからなされることもある。入院中はローマの病院からもメッセージを送り、病院を「第三のヴァティカン」と呼んだ。水曜日と日曜日の言葉は法王の考えを知る重要なものであり、日刊の機関紙にも掲載される。その翻訳は毎週五カ国語に訳されて発行される。もちろんインターネットの公式サイトにも掲載される。法王は、その肉声が最もよく最も広く伝達されている国家元首だといえるかもしれない。

（以上は、主にカロリーヌ・ピゴッツィによる『パリ・マッチ』誌の一九九六年一月のルポルタージュと、ジャン・チェリーニの『ヴァティカンのヨハネ＝パウロ二世』〔J. Chelini, *Jean-Paul 2 au Vatican*, Hachette, 1985〕をもとに再構成した。二〇一三年以来、フランシスコは質素を標榜《ひょうぼう》して宮殿には住まず枢機卿らの宿舎である聖マルタ館に居住している）

†ヴァティカンの仕組み

イタリア人はヴァティカンに入ると兵役が免除され、国民の義務である陪審員としての招集も免除される。ヨーロッパの多くの国との間にも特別な免除事項が交わされている。

いわゆる「ヴァティカン市国政庁」というものと「法王庁」の二重の機構がある。ヴァティカン市国政庁にはヴァティカン諮問会議、裁判所、総務局、美術館、古文書館、図書館、日刊紙『オッセルヴァトーレ・ロマーノ』、ヴァティカン放送局、ヴァティカン銀行が直属しているが、事実上の機能で最も重要なのは法王庁である。

法王庁は国際的な法人としてのカトリック教会の母体である。法王がイタリアにおける主権を失って一市民となり、国家や政府が存在しなくなった六〇年間も、「法王庁」は存在し続けた。法王が死んで次の法王が選出されるまでの期間も、法王庁が生きた教会として機能し続けるのだ。事実上の政府といっていい。現在の法王庁は一九八八年六月二八日発令の「pastor bonus《パストル ボヌス》」（善き牧者という意）という使徒憲章によって運営されている。

国務省は法王と世界中の教会や俗権との関係調整を引き受けている。そのほかに九つの省（かつてのいわゆる「聖省」）がある。教理省は異端審問機関であった過去の検邪聖省が近代化したもので、教義や倫理についての問題を一手に引き受ける。宗教機関としては最も本質的な部分だ。その他、東方教会省（カトリックが分かれた東方教会との歩み寄りは進んでいる。法王宮殿の内部には、東方教会の様式による礼拝堂がある。一般に、東方教会は、イコンと呼ばれる図絵で教会内を飾り、教会内部がこの世における天国を示すように豪華な装飾を施していることが多い。この礼拝堂を注文したのはヨハネ＝パウロ二世だ。東方教会のアーティストたちの協力を請い、ヴァティカン内にビザンティン様式の芸術と霊性の共存を望んだわけだ）、典礼秘蹟《ひせき》省、列聖省、司教省、福音宣教省、聖職者省、奉献・使徒的生活会（修道会を管轄）省、教育省がある。

それとは別に各種法廷、評議会（信徒、キリスト教一致推進、家庭、正義と平和、開発援助促進、移住・移動者司牧、医療使徒職、法文解釈、諸宗教、文化、広報）、事務局（教皇空位期間事務局、管財局、財務部）がある。このほかに、西暦二〇〇〇年の大聖年準備委員会（一九九八年当時）や、歴史学委員会など各種委員会がある。

ヴァティカンとは独立してカトリックのヒエラルキーというのがあり、法王の下に枢機卿、教長（僧正）、大司教、司教、司祭、信者（信徒）となる。枢機卿は主として、司教や大司教の中から法王によって選ばれるもので、任地に留まることも法王の顧問になって聖省を統轄することもあり、八〇歳まで法王の選挙権を有している。

僧正や大司教は初期教会では意味があったが、今は司教と法王の仲介役であり、西方教会では序列のない単なる名誉呼称に過ぎない（たとえばヴァティカンから各国に派遣される大使は大司教の呼称を与えられている）。司祭のレベルにも、司祭、助祭、副助祭、侍祭、祓魔師《ふつまし》、読師《どくし》、守門《しゅもん》というヒエラルキーが存在したが、今は簡略化されている。司教は司教区（たとえば日本は一六の司教区に分けられている）の責任者である。テリトリーを持つ修道会の会長なども司教と同じヒエラルキーに位置する。

†ヴァティカンの女性たち

ヴァティカンは首長も政府の首脳もみなカトリックの聖職者であり、すなわち独身男性のみから成り立っているという特異な国だ。ではその中で女性はどのような立場にいるのだろうか。女子修道会の本部があったり、法王の身の回りの世話をする修道女たちがいたりする以外には、どういう女性がどういう経緯でヴァティカンにやってくるのだろうか。

フランス人のリュシアンヌ・サレは、ヴァティカンに働いて二〇年になる五〇代の女性だ。修道女ではない。一九九五年に北京で開かれた国連の世界女性会議にヴァティカン代表として出席したことが示すように責任ある役割を果たしている。彼女のように、ヴァティカンの「公務員」として働く一般女性は、全体の一九パーセント（二〇一四年当時）を占めている。修道女の場合も、いわゆる祈りに徹する観想型修道会のメンバーとちがって、世界中をまわるアクティヴな修道会のメンバーが多い。実際、国連や各国政府の招聘《しょうへい》するさまざまなテーマの国際会議に、ヴァティカン代表として出席する修道女もいて、男性が圧倒的多数である会議の中で異彩を放っている。

リュシアンヌ・サレの証言をもとに、ヴァティカンに働く女性の足跡をたどってみよう。彼女は聖カリスト宮殿の事務室で研究員として働いている。もともとフランスで若者のためのカトリック信者組織の世話係をしていたのをヴァティカンから誘われたのだ。自分からヴァティカンで働くことを希望して立派な履歴書を送ってくる人もいるが、彼女の知っている限り、それによって採用された例はなく、すべての職員はヴァティカンからの依頼に応《こた》えてやってきた。

リュシアンヌは心理学の学位を持ちカウンセラーとして働いていたが、縁あって、もともと出入りしていたカトリック信者組織の専任職員となった。独身で身軽なこともあって、国際的なイヴェントに関わる活躍もした。その実績を買われてヴァティカン内部で働かないかと誘いがあったときには、ヴァティカン職員新規採用の年齢制限ぎりぎりである三五歳だった。とりあえず応諾してローマに着いた。担当の枢機卿の面接を受け、法王への忠節と内部書類の秘匿義務を誓うなどの手続きをすませる。最初に信者組織を統合する事務室に入ったときは、机の上に花が飾ってあったがだれもいなかった。みな毎金曜日の定例ミサに行っていたのだ。

彼女がヴァティカンに勤めてから一年半で、三人目の法王ヨハネ＝パウロ二世の代となった。法王は以前にこの部署のアドヴァイザーだったことがある。担当枢機卿に案内されて事務室にやってきた法王はリュシアンヌの前で、「あなたは新しい方ですね。初めてお目にかかります」と言った。リュシアンヌは法王の記憶力と注意深さに感銘してすっかり法王ファンになってしまった。

もっともヴァティカンに女性が採用された歴史はそう古いものではない。一九六一年、カトリックの大幅な近代化を目指した第二ヴァティカン公会議招集(一九六二)のほんの少し前、最初のタイピストが採用された。それまでは修道女といえどもヴァティカン内の役所では働いていず、タイピングも神父たちがやっていた。ローマにやってきてその能率の悪さをみかねたカナダ人の神父が、自分の修道会のシスターを秘書として送り出すことを決めたのだ(その修道会は聖職者の仕事のアシストをすることを活動目的のひとつにしていた)。最初のシスターは、数カ月の間、仕事をこっそりと自宅に持ってかえってタイプを打たねばならなかった。やがて事務室とタイプライターが与えられ、さらに数名のタイピストが加わった。しかし、一九六七年まではその立場は非公式のままで、彼女らはヴァティカン内部に勤めているということを世間に伏せておかねばならなかったという。

その後、第二ヴァティカン公会議による刷新によって、女性雇用に関するメンタリティも変わり、一九六七年にパウロ六世が特別認可状を発行し、女性タイピストの名は一九六八年に初めて人事の名簿に載せられた。また、一般信者の職員が増えたせいで、ヴァティカンの習慣もいやおうなく変化した。一九六九年の九月、女性職員が結婚した。パウロ六世は彼女の三カ月分のサラリーを個人的な結婚祝いとして贈った。やがて彼女が妊娠した。ヴァティカンは初めて産休制度を導入しなくてはならなかった。この女性はその後も長くヴァティカンで働き続けた。

今リュシアンヌ・サレのいるセクションには子供をもつ女性職員が七人いて、互いに結婚記念日や子供たちの誕生日を祝いあっている。産休もちゃんと制度化されて、ヴァティカン内部の行事には職員の家族も招待され、法王を親戚《しんせき》のように親しく感じながら育った子供たちも増えている。一般信者が男女の区別なくヴァティカンの職員になれることが教会法（一二九条）の中に正式に書き加えられたのは、ようやく一九八三年のことだった。

一九六八年、ローマのグレゴリオ大学の哲学科に最初の女性が入学した。教室で彼女の前後左右には必ず空席ができたという。今では、ヴァティカンの女性職員の中にも神学、宗教学、教会法の学位を持つ者が大勢いる。リュシアンヌのようにラテン語があまりできずにヴァティカンに就職した女性も、聖書学や倫理学の講座を聴講している。講義はイタリア語だが、ラテン語はもう必修ではなくフランス語も公式語として使える。リュシアンヌは宗教学の学位取得を目指している。免状を取得しても給与が増えるわけではないが、学ぶことによって仕事がより充実すると彼女は考えている。

彼女の勤務は週三六時間だ。月曜から土曜の八時半から午後一時半までと、週二度午後三時間の勤務という時間割も、勉強の継続に役立っている。別の女性法律家は、ヴァティカンにきてから四〇歳で教会法の学士号を取得し、さらにラテラノ大学で博士号を取った。今やヴァティカンの女性職員の学歴は非常に高いものになっている。しかし毎日の仕事はチームワークが最も要求され、個人的な昇進昇給を望めない構造になっている。ここでは高学歴も自己実現の手段でしかないのだ。

法王が各部署の職員と親しく語るのは、クリスマスのシーズンと聖ペトロ聖パウロの祝日の六月二九日前後の年二回だ。職員はミサや食事に招かれる。

ヴァティカンや法王は、長い間女性を行政から遠ざけてきはしたが、実は、歴史上、何人かの有名な聖女が法王たちの有力なアドヴァイザーとなったことがある。中世にはドイツのヒルデガルト・フォン・ビンゲン（一二世紀）、スウェーデンの聖女ブリギッタ（一四世紀）、イタリアはトスカナ地方のシエナの聖女カタリナ（一四世紀）、スペインのアヴィラの聖女テレサ、そして一九世紀末に死んだフランスのリジューの聖女テレーズなどだ。最初の四人は、貴族や名家の出身でもあり、法王たちと文通し、政治について進言したり、予言をしたり、聖職者の頽廃《たいはい》について神の怒りを伝えたり、当時もすでに大きな影響を与えていた。

カトリック教会は神学や信仰上の伝統に貢献した者に「教会博士」の称号を与えているが、一九七〇年にはパウロ六世がアヴィラのテレサとシエナのカタリナに女性で初めてのこの教会博士号を授与した。一九世紀のリジューの聖女テレーズの方は、生きているときは修道院に閉じこもった無名の娘で若死にしたが、その日記がベストセラーになり、一九九七年の死後一〇〇周年をきっかけに、ヨハネ＝パウロ二世によってやはり教会博士とされている（二〇一二年にはベネディクト一六世がヒルデガルト・フォン・ビンゲンに教会博士の称号を付与した）。

プロテスタントはもちろん、カトリックと典礼が近い英国国教会が女性司祭を認めたり、カトリック教会の内部で女性司祭登用の動きがあったりした時に、ヨハネ＝パウロ二世は女性司祭の可能性をはっきりと否定して急進派をがっかりさせた。しかし法王がただ保守的で女性差別をしているのかというとそうでもないらしい。一九九五年の国連女性会議の際には、法王はすべての女性に対して「感謝と謝罪」を述べた。法王が諸国訪問で見た多くの国での女性の苛酷《かこく》な生存条件は彼の心を重くした。

「人類は、文化や芸術を伝えた女性たちの偉大な伝統に多くを負っている、それなのに今もなんとたくさんの女性が能力や尊厳ではなくて肉体的な条件によってのみ判断されていることか」と法王は述べた（『女性への手紙3』一九九五）。男社会であるカトリック教会での女性の未来はまだまだ展開をみせそうである。

✝ヴァティカンの成立

ヴァティカンはローマを首都とするイタリアを認めたが、自分の固有のテリトリーを必要とした。イエス・キリストはたくさんのシンボルを担わされてきたが、その中には王の姿もある。天国はいつも「天の王国」としてイメージされてきたからだ。

そもそもヴァティカンはローマのテヴェレ川右岸にあった丘である。いわゆるローマ帝国の首都はテヴェレ川左岸のみにあった。その後、カリギュラとネロ皇帝が右岸に広大な闘技場をつくって、そこでたくさんのキリスト教徒が迫害され殉教死した。今も広場に見られるエジプトのオベリスクが建てられたのもそのころだ。

この丘は特に、イエスの使徒である聖ペトロが逆さ十字架にかけられて死んだ後焼かれた場所として知られている。四世紀にキリスト教を公認したコンスタンティヌス帝が、それを記念して三二四年にサン・ピエトロバシリカ聖堂を建築した。しかし、法王の前身であるローマ司教の住居はここではなくラテラノ宮殿だった。ところが五世紀の終わり頃から、サン・ピエトロ大聖堂に宮殿を建て増しする法王が出てくるようになった。ヨーロッパを統一したシャルルマーニュ（カルル大帝）も建築に協力した。一三世紀からは蛮族の侵入を防ぐために城塞《じょうさい》で囲まれるようになった。堂々たる封建都市になり、法王宮殿とバシリカ聖堂を兼ねることになったのだ。

しかし一四世紀には南仏のアヴィニョンに法王庁が移ったこともあり、その間にラテラノ宮殿は火災に遭った。やがて一三七七年に法王がアヴィニョンからローマへ帰ってから、ヴァティカンに常住するようになった。

その後イタリアはルネサンス文化の拠点となり、ローマ法王は芸術家のパトロン、偉大なメセナ、貪欲なコレクターとなった。サン・ピエトロ大聖堂も建て直され、教皇宮殿とともに美術館や図書館が設けられた。宗教改革を経てバロック芸術も花開き、その後法王の権力が弱まった時期にも、芸術作品の収集は続けられた。

もちろん法王領はヴァティカンだけではなく、中部イタリア一帯を占め、長い間イタリアの他の都市国家と肩を並べる一国だった。それが一八七〇年九月に統一イタリアの国王軍が侵入してローマをイタリアの首都と宣言したときに、すべての領土を取り上げられた。法王は年金を受けるただのイタリア市民になってしまったのだ。当時のピウス九世はこれを不満として、関係者を破門して、ヴァティカンに閉じこもった。それが今のヴァティカン市国として独立したのは、一九二九年二月にムッソリーニとの間に締結したラテラノ（ラテラン）条約でのことだ。この条約では、ヴァティカンの外に、テヴェレ川対岸ローマ市内の三つの大バシリカ聖堂［ラテラノの聖ジョヴァンニ（ヨハネ）、壁外の聖パオロ（パウロ）、聖マリア］や聖カリスト宮殿などの一二の建物の他に、避暑地のカステル・ガンドルフォなども飛び地として残された。

†ペトロの墓

法王庁のあるサン・ピエトロ大聖堂はその名の通り聖ペトロ（ピエトロ、ピーター、ペドロ、ピエールなども同じ）に捧げられている。聖ペトロはイエスの一番弟子で、本名はシモンといったが、イエスに教会を築く石（ペトロはラテン語で石という意味）となれと言われて改名した。同じ時に、天の王国の鍵をお前に渡そうと言われている（マタイ一六‐一七〜一九）。イエスの死後に布教を続けローマに入って殉教したので、最初のローマ司教であるとみなされる。ローマ法王はこのペトロの後継者であり、ペトロの墓跡にサン・ピエトロ大聖堂が建てられたと信じられているのだ。一般にカトリックの教会は、聖人の遺骨を中心とする聖遺物を祭壇の下などに収納して、その聖人に奉献されその名を冠されている。だからローマ法王の根拠地のサン・ピエトロ大聖堂の内部に聖ペトロの遺骨があるかないかということは重要な信仰要素となってくる。

ペトロは漁師であったが、漁をしているところをイエスにスカウトされて使徒の第一号になった。使徒のリーダーとしてイエスに信頼されていたが、イエスが逮捕された夜には保身のためにイエスなど知らないと三度まで否定した。一番弟子が師を危機にさらして見捨てるというペトロの人間的な弱さのおかげで、キリスト教自体が人間的なものへの包容力に富むものになったといえるだろう。ローマ法王が聖ペトロの後継者だからといって完全無欠な人間であるはずはなく、人はすべて過ちから出発しているという謙遜《けんそん》の念をヒエラルキーのトップにまで課したわけだ。

イエスの処刑後のペトロは激しい悔悟に襲われるのだが、それだけに、再び船で漁に出ている時に復活し甦《よみがえ》ったイエスの姿を岸辺に見つけて、感激のあまり水に飛び込んだ。師を前にした礼儀上、裸だった半身にわざわざ上着をつけてから泳いだという(ヨハネ二一－七)。このペトロの実直な喜びの表現を前にして、イエスはすべてを赦《ゆる》したのだ。

イエスの昇天後、ペトロは精力的に福音を告げて回って、多くの人に洗礼を施した。

イエスの名において多くの病者に奇跡的な治療も施している。一度はヘロデ王に捕まって投獄されたが天使によって解放され、ローマにやってきた。やはりローマにいたパウロとともに、紀元六四年頃のネロ皇帝のキリスト教徒迫害の折に殉教したといわれる。磔《はりつけ》にされる時に、イエスと同じ姿では畏れおおいので逆さまに十字につけてくれと申し出て聞き入れられた。ペトロの画像には、天国の大きな鍵をかかえていたり、逆さ十字架につけられているものが多い。聖書の『使徒言行録』には船でローマに入って布教したことや殉教したことは載っていない。しかし聖書の正式編纂に漏れた外典には記されていて、ヨーロッパ人の共通の理解事項になっていた。

そんなペトロの聖遺骨がサン・ピエトロ大聖堂のいわばご本尊であるわけだ。しかし伝説的な死に方をしたペトロの聖遺骨は本当に残っているのだろうか。この疑問はすでに多くの人が抱いていた。

それまでローマ・カトリックが支配していたヨーロッパで初めて新教徒（プロテスタント）が登場した一六世紀には、プロテスタントの火付け役であったドイツのルターが「私がローマで見たり聞いたりしたことだから堂々と言わせてもらうが、向こうでは聖ペトロと聖パウロの遺体がどこにあるかをだれも知らないし本当にあるのかどうかすら分からないのだ」と言った。

この頃は、キリスト教に改宗した最初のローマ皇帝コンスタンティヌスとその後継者が建てた古いサン・ピエトロ大聖堂（三二〇～三五〇年頃）を解体して、現在あるサン・ピエトロ大聖堂を再建しつつある時期であった。一五〇六年に始まった建設は一〇〇年以上もかかり、法王も二〇人代わり、建築指揮者も一二人ほど代わった。しかしその間、聖堂の存在理由ともいうべきペトロの墓の有無を確認しようとした法王は一人としていなかった。

では何を根拠にして人々が聖ペトロの墓がそこにあると信じてきたのかというと、ただ、古文書の記述だけだった。四世紀初めのカイサレアのエウセビオスの『教会史』の中に引かれているキリスト教徒同士の議論だ。「この分派の首長であるプロクルスあての返事でガイオス（二世紀末のキリスト教徒）は使徒ペトロとパウロの聖なる遺体が埋葬されている場所について（次のように）書いている。『私は使徒の Tropaia を示すことができる。ヴァティカンの丘とオスティア街道にいけばこの教会を創建した者の Tropaia が見つかるだろう』」（『教会史』二－二五、五～七）。

Tropaia はトロフィーの語源だ。この言葉が、記念碑を指すのか、殉教地を指すのか、墓を指すのかをめぐっていろいろな解釈がなされてきた。しかし、考古学的な決め手がないままに、ペトロの墓がヴァティカンに、パウロの墓がオスティア街道（そこには、サン・ピエトロ大聖堂と同じ時期に聖パウロに捧げられたサン・パオロ・フォリ・レ・ムーラ大聖堂が建てられている）にあるのだという伝承は、ひとつの信仰として一八〇〇年間も保たれてきた。

歴代法王が伝承の真実性を確かめようとしなかったのにはいくつかの訳がある。実際のところ、四一〇年の西ゴート族による破壊、四五五年のヴァンダル族による破壊、八四六年のサラセン人による侵略と、ヴァティカンは何度も襲われたことがあり、古代の墓所をいたずらに発掘しても、荒らされた跡をあらわにするのではかえって民衆の信仰に悪影響を及ぼすと判断されていたことがそのひとつだ。

また、一九二五年から二二年にかけてと一九三五年には、ローマで一連の考古学的発掘が組織されたが、ヴァティカンは対象にされなかった。その頃には、ペトロの墓とパウロの墓がアッピア街道のカタコンベの中に移されていたのではないかという仮説が支配的だったからだ。そのカタコンベには聖セバスティアーノ大聖堂が建てられているが、もともとは「使徒の記念堂」と呼ばれていたらしい。ここでは「キリスト教の新ローマの創建者ペトロとパウロの名における礼拝（死者の休息のために祈る会食）」を記念した二五八年以来の碑文が多く発見された。このことが、ペトロとパウロの遺骨がヴァティカンとオスティア街道からそれぞれここに移された証拠であると推定されたのだ。

それならば、コンスタンティヌス帝は、最初にヴァティカンの聖堂を建てたときに、ペトロの遺骨が実際にはないことを知っていたのだろう。しかしペトロとパウロを旧ローマ建国の伝説的人物であるレムスとロムルスに代わるシンボルとするために、敢《あ》えてペトロにヴァティカンを捧げたのであろうと考えられる。だからヴァティカンでペトロの墓を探す試みは敢えてなされなかった。

ところが、一九三九年になって突然ヴァティカンの発掘が始まった。この年の二月に死んだピウス一一世は、自分が在位中に福音の列に加えたピウス一〇世のそばに埋葬されることを希望していた。ピウス一〇世の墓所を広げるには、一六世紀にミケランジェロの設計した本陣の地下をさらに掘り下げる必要があった。グレゴリウス一世(五九〇～六〇四。以下、王や法王の名の後の年代は在位期間を示す)以来、一切触れられていなかった地下墓所の工事をピウス一二世が許可した。果たして、工事が始まると、古代の墓所が無傷の姿を現したのである。

それは古代ローマ最盛期の墓所だった。ローマ人たちの墓の間に、ひとつのキリスト教徒の墓があった。両側は異教徒の墓と、キリスト教式の貴族の婦人の墓だ。殉教者を表す棕櫚《しゅろ》の葉と白鳩が描かれ、《DEPOSITA》の銘があった。復活の日を待ってとりあえず安置されているという意味で、キリスト教徒であることを示す。これがペトロのものである証拠はないが、その近くに、別のキリスト教徒が「ペトロにキリストへのとりなしを頼む」と書いたらしい碑文が見つかった。また、この墓所は、もともとカリギュラとネロの闘技場の側の斜面に位置していた。コンスタンティヌスはその墓所の上辺が最初のバシリカ聖堂の地表にくるように大掛かりな積土工事を行ったらしい。今のサン・ピエトロ大聖堂が建造されたときも、中心となる墓所の位置は守られたまま、さらに地表が上げられたのだ。

ピウス一二世は、一九五〇年一二月に、ペトロの墓を発見したことを信じると発表した。では遺骨の方はどうなのか。墓所からは、一世紀に生きて六〇代で死んだと思われる、一メートル六五センチくらいでがっしりした体格の男性の骨が発見された。しかも、最初に一九四〇年代に発見されたものが別のチャペルに保管されたまま忘れられるというハプニングを経たあとで、一九五三年に劇的に再発見されたのだ。

一九六八年六月、パウロ六世はペトロの遺骨の確認を大きな喜びのもとに発表した。といっても、薄れて判読しがたい碑文の解釈をめぐっての異論もあり、ヴァティカンは研究の継続を認めている。一方、聖パウロに奉献されたバシリカ聖堂の発掘の方もさらに計画されている。しかしとりあえず、最初のローマ法王だとされるキリストの一番弟子ペトロの墓や遺骨らしきものが、本山であるサン・ピエトロ大聖堂で無事確認されたということで、ペトロの後継者であるローマ法王は胸をなでおろしたことだろう。今のヴァティカンは地下の一部も観光できるようになっている。

†ヴァティカンの経済

一九九六年、ヴァティカンの予算収支は三年続けて黒字を計上した（予算は一億九三〇〇万ドル、二〇〇二年には二億四五〇〇万ユーロ）各司教区からの収入は全体として増加し、支出の方は厳密にコントロールされている。

ヴァティカンの美術館に集められた財宝や美術品のほかに、ヴァティカンの有する教会建築や絵画、彫刻、壁画、天井画の価値は計り知れない。ヴァティカン外でもローマ市内の主要教会はヴァティカンに属している。観光収入も大きい。

また文化財の現物だけではなく、西欧文化を代表するブランドとしてのローマ・カトリックのイメージの商品価値も大きい。一九九六年の夏にはエドワード・コーンリーというアメリカの七〇歳の事業家が、一六〇〇億円（サンデータイムスによる）を投じてヴァティカンの美術品（システィナ礼拝堂の天井画やラファエロの天使などを含む）を商品として複製する許可を得た。壁紙やポスター、カーテンやクッションなどのインテリア商品、ブルージーンズなどだ。彼はもちろんカトリック信者だ。エドワード・コーンリーのヴァティカンもののチェーン店は、日本を含めた世界各国に広がる予定である。システィナ礼拝堂を模したブティックにスイス衛兵を擬した店員のユニフォームも検討されている。少なくとも売上げの五パーセントが法王庁に支払われるはずだ。

また、法王自身も回勅や著書をベストセラーにするばかりでなくミサを録画したヴィデオ・カセット販売などに力を入れている。法王の「ロザリオの祈り」のCDは、テレビにヴィデオ・クリップも流れてミリオン・セラーとなった。

もちろん世界中の一等地に所有する不動産から上がる家賃収入だけでも膨大なものだ。各国の修道会が所有する宿舎や礼拝堂などの不動産も、広い意味でカトリック教会の資産である。法王に給料は支払われないが、世界中から寄付金や贈り物が集まってくる。

寄付金は一八六〇年にできた「聖ペトロの献金」口座に世界中から集められる。大口の寄付金や贈り物（不動産を含む）やその他の利益を投資したり無記名証券に変えたりするのは、一八八七年に生まれて一九四二年に公認されたヴァティカン銀行(Istituto per le Opere di Religione　宗教財務院）である。イタリア政府はこの銀行活動に課税しない。一般の投資家も推薦があれば資金を運用することができる（ただし死亡時や口座閉鎖時に一〇パーセントを喜捨する）ので、時として金融スキャンダルの種になることもあった。

なおヴァティカン市国内は徴税がなく、店は国営で、一軒あるスーパーは住民に付加税なしの商品を提供している。

†ヴァーチャル国家としてのヴァティカン

ヴァティカンはインターネットを通しての広報活動にも余念がない。各国教会のレベルでも機能している。たとえばフランス司教団は一九九六年九月以来、ウェブサイトからニュース、司教区の連絡、案内やフォーラムなどを発信しているし、テレビ放送も有線からインターネット配信へと進化してきた。

カトリックはそもそも最初に宣教とコミュニケーションの手段としてラジオ放送を取り入れた宗派だ。それは一九三〇年代に開局された。サン・ピエトロ広場のすぐ近くにあるヴァティカン放送局（ラジオ・ヴァティカン）に、常時四〇〇人のスタッフが働いている。世界中に三〇ばかりの中継局があって、三〇カ国語以上であらゆるところに放送を流している。レギュラーの視聴者は四〇〇万人を超えるという。テレビでは聴覚障害者のための手話通訳も行っている。衛星通信の役割も大きい。ラジオや日刊紙は一切の広告収入なしで運営される。

また世界中の司教区と小教区にいる司教と司祭たちを通した人的ネットワークの力も強い。前述したように、各司教は五年に一度ヴァティカンにやってきて法王に直接会見する報告義務を負う。世界各国や国際機関に一七八人のヴァティカン大使を派遣している。この具体的な情報の力によって、ヴァティカンはその物理的な領土を超えたアイデンティティを世界中に確保しているのだ。

各種修道会もネットワーク作りに寄与している。世界中で生まれた宣教修道会は、ヴァティカンの認可を受け、司教の監督下に入り、その上で支部をつくって自己増殖していく。

たとえば有名なマザー・テレサは、ノートルダム・ド・シオンという女子修道会のメンバーとしてアイルランドからインドへ教師として派遣されたが、より貧しい人々のために身を捧げようと決心した。修道会から出るために正式の許可を得て、さらに自分で新しい修道会をつくってローマ法王の認可を受けた。マザー・テレサの修道会は、その後世界中に広まった。マザー・テレサは法王ヨハネ＝パウロ二世とも親しかった。二人は同じ東欧出身であり、いわば古いタイプのカトリック教育で育った共通点がある。マザー・テレサはヨハネ＝パウロ二世に頼んで、ヴァティカン内に自分の修道会の事務所を開くことを実現させた（一九九七年の没後、二〇〇三年に列福され、二〇一六年にフランシスコによって列聖された）。

各種聖人のネットワークというものもある。サン・ピエトロ大聖堂の聖ペトロは最初のローマ法王だと言われているし、そのペトロにちなんだ名はヨーロッパの最もスタンダードな名（ピエトロ、ピーター、ピエール、ピョートル、ペドロなど）となって、人はその聖人の祝日を祝いあう。パウロ（パオロ、ポールなど）、ヨハネ（ジョヴァンニ、ジョン、ジュアン、ジャン、イヴァン、ファンなど）の有名な聖者の名は、今もヨーロッパ系の大多数の人の名前であり、外国人も聖人の名を洗礼名にもらうことで名の結ぶネットワークに入ることができる。またすべての教会や小教区は各種の聖人に奉献されているし、各種聖人は守護聖人として民間信仰や互助組織とも強く結びついている。多くの都市や国も、守護聖人を持っているし、国を聖者にシンボリックに奉献した歴史をもっている。

ヴァティカンの中には列聖省というのがあって、今でも新しい聖人を製造し続けている。世界中で模範的な信者や殉教者が死後に聖人としての推薦を受ける。地元の司教に認可されてからヴァティカンに送られた調査資料が列聖省に回されるのだ。その聖人候補者が、生前に模範的であっただけではなく、今も他の信者によって祈りの対象になっているか、またその祈りに応えてイエス・キリストに取り次ぎをして難病を治すなどの恩寵《おんちょう》を媒介しているかなどの事項が、医師をまじえて真剣に検討される。

一見アナクロニックな聖人認定は、すたれるどころかますます盛んになってきている。それは各国との外交上のサービスとしても使われるし、民間信仰とまじりあった民衆の聖人信仰を温存しつつコントロールする手段ともなっている。

聖人の国とはほかならぬ天国だ。天国の住民票を管理することで、ヴァティカンは自らを天国のヴァーチャルなコピーとしているのかもしれない。

もともとキリスト教は、目に見えない「聖霊」を媒介にして交信し合うというヴァーチャルな基盤を持っている。カトリックはそこに聖人信仰を中心にした言葉(名前)と画像のネットワークを築いてきた。それが、一八七〇年に国家としての領土を失った時に、自覚的、積極的にヴァーチャル国家として存続、再出発する基礎となったわけだ。世界最小の国ヴァティカンは、今もヴァーチャルなコピーとシンボルの大国であり続ける。

第二章　ローマ法王とヨーロッパの誕生

シャルルマーニュの戴冠

†ローマ法王の肩書

法王の呼称は歴史とともに推移をたどった。ローマ司教であることは当然としても、他教会に対して（司法上の）首位性を主張するために「使徒ペトロの後継者」と称し、グレゴリウス一世（在位五九〇～六〇四）が今の通称である「教父」（パパ、パップ、ポープ）という言葉を使った（もとはギリシア語の「父」〈pappas〉に由来する）。この言葉は今も神父をファーザーと呼ぶように、もとはすべての司教の通称であったが、グレゴリウス一世が法王の尊称としたのだ。

さらにグレゴリウス七世（一〇七三～八五）は「ペトロの代理者（助祭）」という肩書を使い、それがイノケンティウス三世（一一九八～一二一六）になって「キリストの代理者（助祭）」となり、イノケンティウス四世（一二四三～五四）はさらに「神の代理者（助祭）」と称した。ヨーロッパにおける法王権の増大に対応して昇進していったわけだ。古代から文明が栄えた地中海地域と違って、生存条件の厳しい大陸北東部から移動し続けた蛮族の雑居世帯であったヨーロッパが後に近代世界文明をリードするようになった歴史は、ローマ・カトリックの成立と軌を一にする。

この章ではローマ法王の歴史を通してヨーロッパの成立を眺めてみるが、まず最初にそもそもキリスト教とは何か、ユダヤ教やイスラム教との関係、またはプロテスタントとは何なのかという基本的な事項を復習しておこう。この種の知識は、世界的には常識の部類に属しても、多くの日本人にとっては教科書的知識に過ぎず、したがって曖昧《あいまい》なままのものであることが多いからだ。

†カトリックと他宗派

ローマ・カトリックはキリスト教の一派である。パレスティナで生まれたユダヤ教の新興宗教であったキリスト教は、分派を繰り返してきた。一つの同じ皿が割れて無数の破片になったが、ローマ・カトリックはその紋章のついた部分なのだ、というジョークがあるように、ローマ・カトリックはキリスト教諸派の上に積極的に首位権を主張してきた。そして実際に富や権力や軍事力を手にし、歴史上何度も、その首位権を認めさせてきた実績を持つ。

初期教会は大きく分けて、ローマより東に広がった東方教会と、ローマ司教を中心にしてヨーロッパに勢力をのばした西方教会に分かれた。西方教会がローマ・カトリックだ。カトリックとは普遍という意味で、一方東方教会は「正」教会の呼称を使うというように、それぞれ正統性を主張している。

このローマ・カトリックの内部で、一六世紀に宗教改革が起こり、新教徒（プロテスタント、抗議する人という意味）各派が生まれた。それ以来カトリックは「旧教」と呼ばれることもある。旧権力であるカトリックと新教徒とは宗教戦争で血を流し合ったが、次第に信教の自由は認められていった。

しかし新教徒の内部でもまた対立はあった。たとえば、英国国教会はローマ法王と袂《たもと》を分かって独立したという点ではプロテスタントに属するが、王室という旧権力と結びついたままの古い典礼を守っていた。それに不満を持つ過激な新教徒である清教徒たちが革命を起こしたり、また、新しい天地を求めて新大陸へ移住したりしていった。プロテスタントが勢力をもつアメリカ合衆国のような国はこうして生まれた。

カトリックとユダヤ教とイスラム教も深い関係がある。キリスト教はユダヤ教の経典である旧約聖書をそのまま聖典としたように、ユダヤ教を母体として生まれた。ただし、ユダヤ教がユダヤ民族に密着して、生活上の律法の遵守を重んじる民族宗教であったのに対して、ユダヤ人であったイエスは救済と新しい時代の到来を説いた。このイエスをキリスト（救済者、メシア）として、キリスト教は主としてギリシア・ローマ世界に広まっていったのだ。ヨーロッパにも、先住民のケルト人のほかに、すでにローマ帝国時代からの多くのローマ人がいたのでキリスト教は彼らを通じて広まった。また、ヨーロッパに後からやってきたゲルマン人などの異民族も、国を形成するに当たってキリスト教という統一のシンボルを少しずつ採用することになる。

†イスラム教

イスラム教は少し遅れて七世紀初めにマホメット（ムハンマド）が神の啓示を受けて創始したが、ユダヤ教やキリスト教の影響を受けた一神教だった。マホメットは、ユダヤ教やキリスト教と同じ神の意を受けた最後の預言者であると自称した。彼が排撃したのは、当時アラビア地方にあった偶像崇拝の多神教である。イスラム教にとっては、エホヴァもゴッドもアラーも本来同じ神を指している。決してユダヤ教やキリスト教を否定して対抗しようとしたのではない。多神教と偶像崇拝の異教からイスラム教に帰依する者は、回心、改宗と呼ばれるが、ユダヤ教やキリスト教からイスラム教に変わる者には「堅信」という言葉が使われるのもその事情を示している。ユダヤ・キリスト・イスラム教は、共に旧約聖書に溯《さかのぼ》れるということで、「アブラハムの宗教」とまとめて呼ばれることもある。

この三つの一神教が現在世界一のアクティヴな信者数を有しているということは、人類の歴史上かなり珍しい出来事であるといわなければならない。なぜなら、人類の文化は農耕が可能な地域に多く発達してきたし、農耕文化では、大地母神を中心とする各種自然神を祀《まつ》る多神教が生まれるケースの方が圧倒的に多いからだ。土地を持たず放浪してきたユダヤ人のように、父神のイメージを持ち、かつ偶像崇拝を禁じる抽象的な一神教を信ずるようになった民族は少数派に属すると言っていい。その少数派の一神教が、キリスト教となりイスラム教になって、今や世界の大勢力となっているわけだ。

もっとも、偶像崇拝を禁じる抽象性を厳密に守っているのは、比較的新しいイスラム教やキリスト教のプロテスタント諸派である。古い東方正教会や西方のローマ・カトリック教会などは、ギリシア・ローマ文化の影響やケルト・ゲルマン世界の影響を受けて、聖母や聖人信仰が花開く、かなりヴィジュアルな宗教になっている。キリスト教は目に見えぬ父神のほかに人間として生まれたイエスというシンボルから出発したために、必然的に歴史化しヴィジュアル化して、多神教世界にも受け入れられやすくなったのだろう。

以上、ユダヤ教、キリスト教、イスラム教の関係と、キリスト教内部での東方正教会とカトリック教会とプロテスタント諸派の関係という歴史上の位置関係を要約してみた。

次に、その中でカトリックがどのように成立し、ローマ法王がどのように生まれたのかをもう少しくわしく見てみよう。

†初期教会の成立

イエスはローマ帝国支配下のパレスティナに現れた。ローマの総督官は、エルサレムの神殿を中心にしたユダヤの国の信教を認めていた。しかしイエスはユダヤ教徒の選民思想や律法に縛られた形式主義を批判して、絶対愛と神のもとにおける平等を説き、多くの支持者を集めたので、紀元三〇年頃に危険分子として処刑された。当時の終末観に彩られたクムラン教団の影響を受けていたともいわれ、体制ユダヤ教にとっても、支配者のローマにとっても具合の悪い存在となったからだ。

イエスが実際に布教したのはせいぜい二年ほどのことに過ぎず、いわゆる制度宗教としての基礎は築かなかった。神の王国の到来は告げたが、教会はつくらなかった。書いたものも残さなかった。使徒のペトロに教会を築く礎（ペトロ＝石）となるようにと言い渡し、また主の祈りを残し、逮捕前夜のいわゆる最後の晩餐《ばんさん》において、自分の血と肉としてのワインとパンによる聖餐を続けるように示唆した。使徒たちにはあらゆるところに行って神の国の到来を告げる福音を述べるように申し渡し、洗礼を受けて信ずる者は救われること、使徒たちはイエスの名において病を癒《いや》したり悪霊を追い払ったりできるであろうことなどを言い残した。

イエスを神の子であり救済者であると信じた人々は、イエスこそ旧約聖書の預言者たちが述べているメシア（キリスト）だと言い、彼らはキリスト者（キリスト教徒）と呼ばれるようになった。彼らはこの世界がもうすぐ終わること、キリストが戻ってきて神の王国へ迎えてくれることを信じていたので、固定した宗教組織を築こうとはしなかった。イエスの教えを直接受けた使徒の指導のもとに集まって、教えを聞き、共に祈り、パンとワインの聖餐を分かち合った。

聖餐は、キリストが戻ってくるのを待つ間にも彼らのうちに交わっているという重要なシンボルだった。また、この頃の地中海世界にはミトラ神信仰というものが流行《はや》っていて、そこでもパンとワインの食事が儀式の中心となっていたことから、聖餐は多くの人に受け入れられた。

†聖パウロ

イエスから直接布教の使命を受けた使徒のほかに、初期キリスト教の原動力となったのは聖パウロだ。彼はユダヤ人だが、エルサレム地域に住んでいたのではなく、小アジアのタルソ出身でギリシア語を話すユダヤ人だった。ペトロが無学な漁師の出だったのに対して、パウロは学があって官吏をしていた（ユダヤ人はすでに各地に散らばっていて、みながヘブライ語を解するわけではなかったが、使徒たちは聖霊の助けで福音を各地の言葉で広めることができたと言われている）。

エルサレムのユダヤ教には、神殿を守る大祭司を頂点とする教条主義のサドカイ派とポピュラーなパリサイ派があったが、キリスト教徒は当然サドカイ派に迫害されていた。パウロはキリスト教を迫害する側に回って、あちらこちらでキリスト教に改宗した信者を捕らえてはエルサレムに送っていた。

ある時（三四年頃）シリアのダマスコ（ダマスカス、エルサレムよりも北）のキリスト教徒を逮捕しようとダマスコに向かう途中で、イエスの声を聞く神秘体験を経て回心し、キリスト教の理論派リーダーとなった。小アジア（エフェソス）やギリシア（コリント）にキリスト教コミュニティの基礎を築いたのはパウロである。

パウロは生前のイエスの教えは受けていないが使徒とみなされている。自分の教えについてペトロの承認を得ることを忘れなかった。このパウロがパレスティナのローカルな存在ではなくインテリの国際派であったことから、キリスト教はユダヤ世界での新興宗教を超えて真に新しい国際宗教として広がったのだ。

†聖ヤコブと聖ペトロ

使徒の説くイエスの教えを中心にしてまとまっていた初期教会に最初の問題が起こった。それは、ユダヤ人ではない異教徒をそもそもキリスト教の仲間に入れてもいいのかということだ。もしよいというなら、彼らにもモーセに溯る十戒や律法、神とユダヤの民の間にかわされた契約を適用すべきかどうかなどだ。

国際派のパウロは、キリスト教をユダヤ人のものから解放しようとして、律法やモーセと神の契約はイエスの出現によって終わったと説いた。これに難色を示したのがイエスの兄弟とも従弟《いとこ》ともいわれている使徒ヤコブ(小ヤコブ)である。ヤコブはエルサレムを中心に活動を続けるキリスト教徒のリーダーだった。

これに対して、第一使徒として一目おかれていたペトロは、パウロとヤコブの間をとりもつような立場を取った。ペトロは、パウロよりも前に、パレスティナにいる非ユダヤ人をキリスト教徒として受け入れることを認めてはいたが、ヤコブの圧力を受けて、改宗者に旧約の律法の一部を守ることを強制することもあった。キリスト教をひとつにまとめようと調整をはかったペトロの存在がなければ、キリスト教は初期にすでに群小セクトに分解瓦解していただろう。

十転換期

やがて、パウロもペトロも六〇年代にローマで殉教した。その頃にはキリスト教はローマ帝国の首都にまで行き渡って信者を増やす一大勢力となっていたわけだ。パレスティナ、シリア、小アジア、マケドニア、ギリシアなどの東方ではもちろんだった。しかしローマ皇帝は一貫してキリスト教徒を迫害したわけではない。ローマにはもともと雑多な宗教が混在していた。キリスト教徒たちは偶像崇拝をしないので、むしろ無神論者のごとくに嫌われた。パウロとペトロが殉教したのはネロ皇帝時代の迫害にあったからだ。

七〇年にはエルサレムがローマ軍に滅ぼされてしまった。ユダヤ人は再び散り散りになり、ユダヤの大神殿はもちろん、エルサレムにあったキリスト教の母教会も立ち消えた。ゼベダイの子聖ヤコブ(大ヤコブ)はスペインに渡って布教したといわれ、スペインのサンティアゴ(聖ヤコブ)にあるヤコブの墓は中世ヨーロッパ一の巡礼地となった(ヤコブは西欧のキリスト教のアクティヴで闘争的な信仰のシンボルになった。それに対して黙示録で有名なヨハネは東方教会のシンボルともなり、グノーシス的秘教的側面を代表させられるようになった。典礼と教義をまとめたペトロを中心にこの二人を配して、ペトロ、ヤコブ、ヨハネは使徒の三位一体と譬《たと》えられることがある)。

各地にある教会(教会は信者が集まる建物だけの意味ではなくて、有機的な組織そのものを表している)の長老は、最初は使徒によって任命されたが、次からはメンバーの投票によって選ばれるようになった。

イエスを知らない第二世代になって教義上の新たな問題が起こってきた。それはイエスが神の子ならば、本当の人間ではなかったのではないのかということだ。彼はただ人間の外見をまとってこの世に現れただけではないのか。それなら彼は十字架上で死んだわけでもなく、復活といわれたのは神としての真の姿を現したに過ぎない。この問題が議論されるうちに、各地の教会は共通の典拠を捜し求め、ペトロ、パウロ、ヨハネの残した言葉に権威が与えられるようになった。こうして、ペトロやパウロやヨハネが各地教会に書き残した教えを含む新約聖書の母体が聖典としてできあがっていった。

†グノーシス危機

二世紀に入ると、教会のヒエラルキーの構造は安定したが、教えの解釈をめぐって新たに問題が起こってきた。間近に迫っているとされていたキリストの再臨と神の国の到来がなかなかやってこないので、時代は、一つの教えの裏に隠された別の意味を採ろうとする秘儀的解釈に向かう傾向を見せた。

グノーシスとは認識のことで、秘儀的な一定の手続きを踏めば啓示によって真実を識《し》ることができるという考え方だ。つまり、救われるという福音を無条件に「信じる」のではなくて、信仰とは「認識」に基づいたものだとする考え方である。ユダヤやギリシアやバビロンやエジプトなど多くの伝統を取り入れてグノーシスの哲学は発展を見せ、知的で思弁的なファンタジーを繰り広げた。そのうちには、超越的で絶対善の神のほかに、俗世や肉体をつくった悪霊を配置する二元論的考え方もみられる。

まだ若いキリスト教は、グノーシス的な考え方の影響を受けて不安定になった。人々は新しい解釈を求め、多くの偽福音書や偽黙示録、偽の使徒の手紙が出回った。

このような危機を回避するために、キリスト教徒は、使徒が直接創始した教会、すなわち使徒の直接指導を受けて出発した教会に権威を捜し求めた。正統的伝統を受け継ぐと見なされたそれらの教会は「使徒教会」と呼ばれた。ローマ、エフェソス、アンティオキア、スミルナ、コリントなどだ。その中でも、特に使徒ペトロの教えを守ると自称した三つの教会（アンティオキア、ローマ、アレキサンドリア）は正統性を主張し、他からも一目を置かれた（このうちアレキサンドリア教会は福音書作者聖マルコの創始である。聖マルコはペトロの弟子で通訳を務め、ペトロから大切な息子と呼ばれていた。マルコはまたパウロとも行動をともにしている。アレキサンドリアで殉教した後にヴェネツィアに葬られた。今もアレキサンドリア〈コプト教会〉の大主教〈教父〉は聖マルコの後継者だと見なされている）。

†ローマ教会の優位性

その中でもローマ教会は次第に権威を獲得するようになった。なぜなら、ローマはペトロとパウロの死の地であり最初の殉教者の教会であった上に、いわゆる「西洋」に位置する唯一の使徒教会であったからだ。また、ローマ教会がローマ帝国の首都にある教会だというステータスものをいった。実際、ローマ教会はその組織が堅固であり、さまざまな困難をかかえる他の教会に対して率先して援助を行っていた。二世紀のアンティオキアのイグナティオスは「ローマはみなに教える」と書き残している。

カトリック（普遍）という呼称もその頃生まれた。「キリストのましますところカトリック教会あり」といわれ、すべての人間を真の信仰に導くのでカトリックというのだとされた（エルサレムの聖キュリロス）。ローマ・カトリックは正式には、ローマ・カトリック使徒教会という。フランスのリヨンの司教となった聖イレナエウス（エイレナイオス）も一八〇年頃にグノーシス的異端に反駁《はんばく》する書を著し、自らの拠《よ》って立つところとして「最も偉大で最も古く、すべての人に知られ、ペトロとパウロによって創設されたローマ教会」を挙げている。

記録に残る最初のローマ司教はペトロの第三の後継者である聖クレメンスだ（九五年頃にコリント教会に干渉したという記録がある）。後に、東方教会もローマ教会も、司教は次第に君主化していった。三世紀後半には、キリスト教に好意的な皇帝もいたせいで、コルネリウス司教（二五一～五三）の頃には君主制の組織に発展していた。司教の下に四六人の司祭、七人の助祭、七人の副助祭、四二人の侍祭、五六人の悪魔祓《ばら》い師、多数の読師に守門を抱えていた。また一五〇〇人の寡婦と孤児とを養っていたという。

もっともローマ司教の他教会の司教に対する首位権は、すべての者に受け入れられていたわけではない。カルタゴの司教チプリアヌス（二四八～五八）は、司教にのみ「兄弟」という言葉を用いて、信者を「息子」と呼んだように、司教の家父長的権威の中に教会の統一を求めていた。そんな各教会の司教同士が集まる公会議による愛と和合のみが法を作ると主張した。そしてローマ司教のみが「司教の中の司教」を名乗って自分の決定権を主張するのは専制的であると批判した。この頃のローマ司教はまだ、ペトロが「教会を築く礎だ」とイエスに言われたからその後継者にも特権があるのだという表現はしなかったし、パパ（父、法王）という呼称も使ってはいなかった。

✝ローマ帝国におけるキリスト教の公認

こうして二世紀の終わり頃から、ローマ・カトリック教会はともかくも全キリスト教のリーダー的立場を享受するようになった。

しかし、三世紀に入っても、ローマ皇帝による散発的な迫害が続いた。キリスト教徒は、ローマ帝国の統一のシンボルである皇帝の神格化と礼拝を拒んだので、大逆罪に問われたのだ。四世紀初めのディオクレティアヌス帝の時には迫害は峻烈《しゅんれつ》を極めた。多くの殉教者や棄教者が出た。殉教者の数は歴史家によって四〇〇〇人とも数万人とも言われている。この頃、殉教者を英雄として祀り、神と信者の仲介者であるとみなす信仰が生まれ、強い伝統を形成した。やがて殉教者たちは聖人として魔術的礼拝の対象とさえなり、異教の神々に置き換えられていく。

いかに多くの殉教者を出しても、もはやキリスト教徒の数は大きくなり過ぎていた。結局、コンスタンティヌスが勢力をもつ時代になって、三一三年のミラノの勅令によってキリスト教はついに公認された。三一五年にはラテラノ宮殿が司教本部として与えられ、今でもすべての教会の母と称されるバシリカ大聖堂が建てられた。またペトロやパウロや、その他の有名な殉教者である聖女アグネスや聖ロレンツォの墓所にも大聖堂が建てられて彼らに捧げられた。このうちのペトロに捧げられたサン・ピエトロ大聖堂（三二四年）が今のヴァティカンにあたるが、法王の前身であるローマ司教が住むのはラテラノ宮殿だった。

†ローマ皇帝とローマ司教の勢力争い

キリスト教が公認されて大聖堂が続々建てられたころのローマ司教は聖シルヴェステル（三一四〜三三五）である。聖シルヴェステルは皇帝コンスタンティヌスと勢力を争うことになった。最初の司教国際公会議（三一三年ローマ、三一四年アルル）と有名なニカイアの公会議（三二五）の音頭をとって開催したのは、ローマ司教シルヴェステルではなくてコンスタンティヌス帝である。コンスタンティヌス帝はすぐに改宗したわけではなく、臨終間際にキリスト教の洗礼を受けただけだが、すでにローマ帝国内の一大勢力となっていたキリスト教をまとめることで政治的に利用しようとしたのだ。

ニカイア公会議では、いわゆるアリウス派の説が検討された。アリウスはアレキサンドリアの主教で、イエスは神によって選ばれた者ではあるが神とは本性を異にすると主張した。この説をめぐって東方教会内部は深刻な対立が起きていた。ニカイア公会議には二二〇人の主教が参加したが、ほとんどは東方教会の主教で、ローマからは二名の司祭が出席したに過ぎない。議長をつとめたのはまだ洗礼も受けていなかったコンスタンティヌス帝であり、シルヴェステルは参加もしていない。

この公会議でアリウス派は異端として斥《しりぞ》けられ、カトリック教会はイエスの神性が天の父のものと本質的に同一であるという教義を確立した(といってもアリウス派は厳然とした勢力を広げ続け、後にコンスタンティヌス自身も関わったといわれる。ヨーロッパでカトリックがアリウス派を真に駆逐するのは四九六年のフランク王クローヴィスの洗礼を待たねばならなかった)。

公会議の決定は司教たちでなく、コンスタンティヌス帝の権威のもとに正統化された。ローマ司教は出席すらしていなかった。キリスト教は迫害されなくなったとたんに皇帝に牛耳られ、世俗権力の道具になろうとしていたのだ。このままではローマ司教は皇帝のお抱え司祭になってしまうところだった。

†ローマ帝国の遷都

ローマ司教の権威がローマ皇帝の権威によって傾いてきたちょうどその時に、僥倖《ぎょうこう》が訪れた。コンスタンティヌス帝がビザンティンに帝国の首都を移すことを決定したのだ。新首都は皇帝の名にちなんでコンスタンティノープル（現イスタンブール）と呼ばれる。三三〇年のことだ。この出来事が、ローマ法王の誕生、ひいてはローマ・カトリックを基礎とするヨーロッパ文化の誕生の引き金を引いた。

つまり、ローマ皇帝が自らローマを去ったことによって、ローマ司教は首長としての権威を名実ともに手にすることができたのだ。しかも、長い間首都であったローマに対する人々の思い入れは強かった。皇帝の去ったローマはさびれるどころか、キリスト教のもとに新しい宗教帝国の道をたどることになる。ローマ司教も率先して「永遠のローマ」というシンボルをかかげた。

もちろん行政的にはローマはまだローマ帝国の領土だったし、その後ローマ帝国が分裂した後は西ローマ帝国内となり、さらにゲルマン民族移動によって占領され、東ゴート王国となり、六世紀に再びビザンティン帝国（東ローマ帝国）の領土となるという変遷があった。しかし、宗教的には、皇帝が遷都して以来、ローマは一貫してローマ司教（法王）に属し続けたといえるだろう。

どうしてコンスタンティヌス帝がローマを捨てたかというのにはいろいろな解釈がなされるだろうが、その頃文明の中心であった地中海世界の中では、ローマがむしろ西側に片寄って位置していたことを忘れてはならない。

地中海をとりまく地域は簡単にいうと、南にアフリカ海岸、東にパレスティナと小アジア半島、北にギリシア（バルカン半島）、イタリア半島が突き出し、その西にさらに南仏の海岸、スペインのイベリア半島と続く。このうちで、特に古くから栄えていたのは、アフリカ海岸の東端に位置するエジプトのアレキサンドリアから、パレスティナ、小アジア、ギリシアにかけての東半分で、南仏やスペインの地中海側は後進地域だった。ましてや、今のフランス、ドイツなどの西ヨーロッパの内地やイギリスなどは、少しずつローマ帝国に征服されたが、先住文化は無視されていた。

ローマ帝国の首都ローマがイタリア半島にあったといっても、文化文明の基礎はすべて、何度も戦いを繰り返して勝ち取った領土である東方からきていたのだ。その意味で首都の東方移動は決して後退ではなかった。ビザンティンはすでに地中海貿易の中心地でもあり、東西のバランスから見ると理想的な場所にあったからだ。

†ローマ教会の発展

皇帝の本拠地ではなくなったローマは、領土の主権こそ持たないが、司教を中心にした一種のヴァーチャルな宗教国家として花開いた。貴族や新興勢力がそろってキリスト教に帰依し、次々と洗礼堂や聖堂を建て墳墓を整備した。宗教の名のもとに福祉も充実し、寡婦や孤児たちは社会的に守られた。

三四三年のソフィア公会議では、東方教会の主教たちによって拒絶された教会法の三と五を、西方教会が採択した。それは、地方レベルの公会議で廃された司教は、ローマ司教に上訴できるというもので、ローマ司教の特権的立場を成文化しようというものだった（すでにローマ司教はイタリア半島の二〇〇人の司教の上に立つ大司教であり、西方教会総主教とみなされていた。このような総司教座は東方には四つもあった。アレキサンドリア、エルサレム、アンティオキア、コンスタンティノープルである。しかし東方の総主教は東方に遷都した皇帝の権勢に押されて傀儡《かいらい》化しつつあった）。

ダマシウス（ダマスス）一世（三六六～八四）は、初めてローマを使徒座と呼んだ。その後聖ペトロの後継者たるローマ法王の首位性を主張する根拠として定着したマタイ伝のイエスの言葉「あなたはペトロ（石）である。そして、わたしはこの岩の上にわたしの教会を建てよう。黄泉《よみ》の力もそれに打ち勝つことはない」（一六－一八）を最初に持ち出したのもこの人だった。ローマは唯一真実のキリストの教会であるとされた。ダマシウス一世は時のテオドシウス帝にも信頼されており、結局、三九二年にキリスト教が帝国唯一の国教であるという条例がテオドシウスによって出された。

ところが三九五年にテオドシウス帝が死ぬと、帝国は二子に分割して与えられた。このせいで、皇帝を第一の権力者とする東方教会と、ローマ司教をシンボルとする西方教会は、さらにはっきりと分かれてしまった。西ローマ帝国にも皇帝が返り咲いたが、宗教上の首長としての権威はなく、もはやしっかり根を下ろしたローマ司教を脅かすことはなかった。国としての西ローマ帝国は、四七六年にゲルマン民族の移動の影響を受けて滅亡してしまうが、ローマ帝国の理念の継承者としてのローマ教会は、決してなくなることがなかった。

四世紀の終わりから五世紀にかけて、それまですべての司教に共通であった「父」(papa　教父)という呼称は、ローマ司教の独占状態になった。他の司教から教義上や行政上の質問が寄せられると、ローマ法王は文書で回答を示した。これらの文書は保存されるようになり、成文律として蓄積されていった。

†大法王レオ一世

歴史に残る最初の有名法王はレオ一世(四四〇～六一)だ。トスカナの大貴族の家系出身でローマに生まれた。フン族とヴァンダル族の侵入から二度にわたってローマを守ったことで歴史に名を残した。スペインやアルジェリアのマニ教の動きを批判したりした一四五通の法王書簡を残した理論家でもあった。四五一年のカルケドンの公会議で朗読された手紙（イエスの受肉の秘蹟《ひせき》を説いたもの）は、出席した六〇〇人の司教たちから「まさに使徒ペトロがレオを通して語っているのだ」と絶賛された。この公会議の教会法二八条で、ローマ司教はコンスタンティノープル主教よりも優位に立つとされた（この条項は後に破棄されたが、ローマの実質優位は続いた。東西教会が分裂するのは、互いが互いを破門した一〇五四年になってからである）。

四五二年、ヨーロッパでは、ガリアの一部とイタリア北部にフン族が侵攻していて、ローマが荒らされるのは時間の問題となった。当時の西ローマ帝国の皇帝はヴァレンティニアヌス三世だったが、吹き荒れる民族移動の嵐の前になすすべもなかった。

四〇万人のフン族を率いるのは、自ら「神の懲罰」と称していたアッティラだった。このアッティラの幕舎にレオ一世はローマ政府の要員二人を従えてのりこんだ。果たしてアッティラは敬意をもってレオ一世を迎えた。

実はアッティラが司教を迎えるのは初めてではない。ガリア地方のトロワでも、聖ルー司教の交渉を受けたことがあったのだ。トロワは城壁も軍隊もない町だった。アッティラはルー司教がラインまでアッティラ軍に同行することを条件にトロワ侵入を中止した（人質となったルー司教は、このことでキリスト教徒からアッティラと提携したかのように一時非難された）。アッティラはルー司教を戦いにつきをもたらす幸運の神のようにみなしたのであり、そのことがすでに、初期教会の司教のカリスマ性を示している。

レオ一世もこのカリスマ性を備えていたのだろう。アッティラはローマ侵攻を放棄した。「アッティラの獰猛《どうもう》さはガリアにおいて狼（ルー）に、イタリアにおいてはライオン（レオ）によって馴らされた」と言われた。伝説によると、アッティラはレオ一世の後ろに白服を着た不思議な二人の人物を見たという。剣を抜いて、おそろしい顔でアッティラを睨《にら》み、ローマからの使者の申し出に従うようにと脅すようだった。それはローマ教会の生みの親ペトロとパウロだといわれている。

交渉を果たしてローマに帰ると、喜んだ民衆はレオを「大法王」と呼んだ。レオ一世はこの事件を記念するために、当時まだローマに残っていた異教の神ジュピターの青銅像を溶かして聖ペトロの像を作らせた。これがその後サン・ピエトロ大聖堂におかれて今も足に世界中の信者の接吻《せっぷん》を受けている聖ペトロ像だ。

四五五年、ヴァンダル人が次に攻めてきた。この時もレオは言葉を尽くして、放火や虐殺をやめさせた。

ローマ帝国の権勢のシンボルであった「Pax Romana《パックス ローマーナ》」（ローマの平和）をレオ一世は守って「キリストの平和」を実践したのだった。

†クローヴィスの改宗とヨーロッパの萌芽

クローヴィス（四八一～五一一）はフランク族を統一してメロヴィング朝を開いた王だった。ギリシア・ローマ世界の神々であるメルキュールやサチュルヌやジュピターやヴェヌスを信心し、加えてケルト人の神々も信じていた。次男にはケルトの神の名をつけたほどだ。ブルグント国王の姪《めい》である妻のクロチルドはローマ・カトリックのキリスト教徒であり、夫に改宗を勧めていた。

ブルグント国王はもとカトリックだったが、西ゴート王国の影響で四五〇年にアリウス派になっていた。クロチルドはカトリックを守った少数派に属していたのだ。クローヴィスが異教徒であることは承知していたが、父王を叔父《おじ》に殺され軟禁生活を送っていたので自由を求めて結婚した。クローヴィスも格の高いブルグント王家から妻を迎えたかったのだ。クロチルドはクローヴィスとの間に生まれた息子たちにはすべてカトリックの幼児洗礼（当時は珍しかった）を受けさせ、夫の改宗を待っていた。

いたほどだった。しかしクローヴィスは意に介さず、政治的な目的で、異端のアリウス派と付き合っていた。フランク族はもっぱら戦闘を第一の活動としていた。

ところが、トルビアック（ケルンの近く）で西進するアラマン族と戦っていたとき、形勢が悪くなったので、兵に向かって、戦いに勝てば「クロチルドの神」（カトリック）に改宗すると宣言した。果たしてクローヴィスは勝利をおさめる。彼は、三〇〇〇人の兵士とともに、北フランスのランスで洗礼を受けた。洗礼を施したのは聖レミ（レミギウス）司教だ。四九六年のクリスマスのことだ。

洗礼を受けたからといってその後のクローヴィスが平和政策に転向したわけではなく、相変わらず野蛮な戦闘を続けていたが、この改宗の政治的な意味は大きかった。クローヴィスはローマ・カトリック共同体に入ったことで、ガリア中に散らばっていた旧ローマ帝国のインテリ階級と関係が深くなった。しかも、ガリア地方で根強かったアリウス派と袂を分かつことにより、ヴァーチャルでシンボリックなレベルではすでに大きな権威とネットワークをもっていたローマ教会を後ろ盾にすることができたのだ。種々雑多な他のゲルマン諸国家に対して、先進文化のシンボルであるローマ・カトリックという共通の旗印を掲げて結集するエネルギーのもとで、ここに、ようやく、ヨーロッパという文明が生まれようとしていた。

フランスは今でも、クローヴィスの洗礼を建国の日と見なしていて、一九九六年には建国一五〇〇年祭があった。といっても、これは、あくまでもカトリック国としてのアイデンティティであり、フランス革命以来共和主義（宗教や血縁でなく、同じ土地に住むものが平等な条件で国家を成すという考え方）を旗印にしたフランスには不適当だという論議も多くなされた。しかしフランスはこの洗礼をもって今も「カトリック教会の長女」（フランスという国名は女性名詞）という立場を自覚していて、ヨハネ＝パウロ二世もフランスに向かってそれを強調している。

もちろんクローヴィスという新勢力を応援することは、ローマ教会にとっても政治的な得策だった。国家としての西ローマ帝国はすでに崩壊している。ローマ教会はシンボリックな帝国を必要としていた。神の名において剣をとって戦ってくれる世俗の権力が必要だったのだ。多神教と異端アリウス派の根強い後進地域ガリアにローマ・カトリックのヨーロッパ帝国を築くことが、クローヴィスによって可能になるかもしれなかった。法王はメロヴィング朝に期待し、メロヴィング朝はその期待にこたえて、今のドイツ、フランスを含むヨーロッパの中心部を統一した。

†グレゴリウス大法王と古代の終わり

ローマの貴族の出であり、ローマ総督を務めた後で修道会を創立したグレゴリウス一世（五九〇〜六〇四）は、ローマ・カトリック教会の典礼の基礎を築いた。自分で法王の地位を望んだわけではなく、信者や聖職者に所望された。といっても、法王の座についたときはすでに五〇歳で、健康にもすぐれず説教もうまくできなかったという。ラテン語の文法すらあやしかった。それなのに一四年間も精力的に仕事をして八五〇通を超える法王教書を残した。法王になる前と同様に「神の下僕《しもべ》の下僕」と署名し続けた。典礼を改革し、ベネディクト修道会を保護した。「法王」という呼称も真にローマ法王の専称となった。

ガリアのフランク王国やスペインの西ゴート王国と友好関係を保ち、グレート・ブリテン島のアングロ・サクソン族を改宗させるために一団の修道者を派遣した。しかし、異教徒に対する寛容を説くことを忘れなかった。権力の人ではなく外交と調整の人だった。彼の墓には「CONSUL DEI」（神の執政官）と刻まれた。後に、アッティラの侵入を防いだレオ一世とともに「大法王」と呼ばれて、聖人の列に加わっている。

このグレゴリウス一世の死をもって、キリスト教の古代時代は終わったといえる。その後七世紀初めに、地中海世界にイスラム教が誕生した。シリア、パレスティナ、北アフリカなどの最も栄えていた古代世界はイスラムで占められた。八世紀にはピレネー山脈まで越えて、ヨーロッパ・キリスト教世界は縮小する。アフリカ教会とスペインの西ゴート教会も消滅した。イスラム教と拮抗《きっこう》しつつヨーロッパ中世が始まるのだ。

†ローマ法王の領土

ローマ法王がついに領土を獲得して自ら主権国の君主となったのは八世紀後半のことである。クローヴィスの死後フランク王国は四分割されて相続され、内紛が続いたが、次第に実権は宮宰をつとめるカロリング家に移っていった。それが決定的になったのは、カロリング家のシャルル・マルテルが、ピレネーを越えてヨーロッパを脅かしたイスラム軍の侵攻を阻止したからだ。

シャルルの息子ピピン（ペパン）は、法王の支持を受けて革命を起こしてメロヴィング朝を倒し、カロリング朝を起こした。七五一年のことだ。ピピンはその返礼として、北イタリアのロンバルディア（ラゴンバルド）王国を討伐し、ラヴェンナを奪って法王に寄進した。これによってローマ法王は初めて自分の領土をもったのである。それまではローマは形式上はビザンティン帝国下にあったが、事実上ロンバルド族に占領されていた。

ローマ法王が、新皇帝とも見なしたメロヴィング朝をあっさりと見捨ててカロリング朝を持ち上げたのにはいくつか理由がある。イスラム教が生まれたのでその脅威を前にして、軍事力のある実力者側についたこと、その軍事力に恃《たの》んで、初めて領土を得ることで、自らのヴァーチャルで不安定な立場に実体をもたせる見込みができたこと、そして、結局、メロヴィングの王には洗礼を授けたものの、いわゆる戴冠《たいかん》をしたわけではなく、今後戴冠式によって聖油を王に注いで神に選ばれた者をつくる権威は依然として自分の側にあるとみなしたからだろう。王が法王による祝別によって初めて聖霊の力を得るのだとしたら、世俗的にはどんな家系の者を選んでもさしつかえないという理論だ。法王はパリ北部のサン・ドニで、カロリング家のピピンとその妻をまとめて祝別した。メロヴィングの最後の王は修道院に閉じ込められた。

実際、法王が世俗の王に王権を授けるというこのレトリックは長い間機能した。一五世紀の百年戦争でお家分裂のあったフランスでいったん廃嫡されたシャルル七世が、ランスで戴冠式(一四二九)を挙げることで正統性を認めさせたことや、コルシカ出身の軍人あがりのナポレオンですら戴冠式の祝別という形式にこだわったことは知られている。

十大偽文書

ローマ法王がフランク王国の新王ピピンによって領土を寄進されたというニュースを聞いて、コンスタンティノープルが文句をつけてきた。法王領も本来の行政府であるビザンティン帝国に帰属するというのだ。法王はビザンティン帝国の官僚に過ぎないという。

ビザンティン帝国はローマを保護する世俗権力の立場にあったが、ゲルマン人からローマを守らなかった。コンスタンティノープルの教会はといえば、あいかわらずローマ教会とライヴァル関係にあった。そして東方教会はビザンティンの皇帝権力と一致していたから、皇帝はローマ法王の選出にまでも時として口を出していた。独立の気概盛んだったマルティヌス一世（六四九～五五）のように、皇帝によって廃位され追放されて殺された法王すらいた。また、ローマ教会が、ゲルマン人への布教のために聖人信仰を初めとする図像を積極的に使っていたのに対して、コンスタンティノープル教会は、聖像禁止令を出すなどして対立が深まっていた。ローマ法王としては、直轄領を得たことをきっかけにして完全に東方教会と縁を切ってしまいたいところであった。

そこで法王は、領土の所有を正当化するために、ある切り札を取り出して見せた。その昔コンスタンティヌス帝が、ローマからコンスタンティノープルに遷都する際にシルヴェステル法王に領土を贈与したという書類だ。それによると、コンスタンティヌス帝はハンセン病にかかっていたが、シルヴェステルによって洗礼を受けて奇跡的に癒された。その返礼としてシルヴェステルとその後継者にラテラノ宮殿と、主要聖堂、東方教会に対する首位権、帝国の名誉と、ローマ並びにその周辺、イタリアのすべての都市、西欧とを贈与するというものだった。その結果としてコンスタンティヌスはローマから身をひいてコンスタンティノープルに移ったというわけである。

この「コンスタンティヌスの贈与」文書は、以後何世紀にもわたって法王の首位権と法王領土を守るための根拠として持ち出されてきた。この文書の正統性に疑いがもたれたのは一四世紀のことで、一五世紀の枢機卿《すうききよう》ニコラ・ド・クザヌスとユマニストのロレンツォ・ヴァルラによって、初めて偽文書であることが証明された。しかしローマ教会が公式にそれを認めたのは一九世紀になってからのことだった。

†シャルルマーニュ大帝

ローマ法王にとってあまりにも都合のよい「コンスタンティヌスの贈与」文書の出

現にも、ビザンティン皇帝はひるまなかった。だから法王は、皇帝に対抗して、既得権を守るためにフランク王国のカロリング朝にますます接近した。

カロリング朝は、法王に最初の領土を寄進したピピンの息子シャルルマーニュ（カルル、七六八〜八一四）の代になっていた。シャルルマーニュはイタリアに遠征して勢力を広げ、中部イタリアをすべて法王に寄進した。法王によるこの中部イタリアの統治は、その後実に一一世紀の間続くことになる。法王は独立した領土と主権を所有する世俗の君主となったのだ。

法王ハドリアヌス一世（七七二〜九五）は「コンスタンティヌスの贈与」文書をシャルルマーニュにも持ち出して、イタリア全土を要求した。シャルルマーニュはザクセンやスペインの征服に忙しかったのでこれは実現しなかった。法王は、シャルルマーニュの帝国が強大になっていくのを見て、いっそシャルルマーニュの国を「西ローマ帝国」として認めようと考えた。そうすれば東ローマ帝国と縁が切れるし、自分の既得権と権威も守れる。

幸いにしてシャルルマーニュは初めての、真の意味で敬虔《けいけん》なキリスト教徒の王だった。戦闘にも司祭を連れ歩いてミサも欠かさず、各地に教会や学校を建てて、キリスト教的モラルを確立しようとした。キリスト教ヨーロッパの生みの親はシャルルマーニュだといっていい。

シャルルマーニュはキリスト教の世俗の長であるという自覚をもっていた。勢力の拡大を正当化するのにも都合がよかった。彼にとって、とりあえず中部イタリアの領土を与えておいた法王はもとより軍事上の脅威ではない。自分の任務は、「キリスト教会を保護し内外にわたってカトリック信仰の確立を擁護するにある」、これに対して法王の任務は、「モーセと共に天に向かって手を上げ、祈りによって天主の導きと恵みを受け、キリスト教の民が至るところで勝利を得るよう、我らの戦闘を援助すること」だ、とシャルルマーニュは書き残した。

†レオ三世

有能な将であり啓蒙《けいもう》家であり敬虔なキリスト教徒だったシャルルマーニュは、外交術に長《た》け「コンスタンティヌスの贈与」まで持ち出してローマ教会の権威を守ろうとしたハドリアヌス一世と共に、キリスト教ヨーロッパの基礎を築いた。七九五年のクリスマスにハドリアヌスが死んだ時、シャルルマーニュはまるで兄弟を亡くしたかのように涙を流したという。

直ちに聖女スザンナ教会の司祭であり枢機卿であるレオが法王に選ばれた。レオ三世（七九五〜八一六）である。ハドリアヌスとレオ三世はまるで正反対だった。ローマ貴族出身のハドリアヌスに対してレオは庶民の出から叩《たた》き上げた人物だった。老獪《ろうかい》で野心に満ちていたといわれ、法王選に関しても黒い噂が流れた。ローマの貴族たちの中にはレオに不満を抱く者もあった。

七九九年の四月、果たして、ラテラノ宮殿から聖ロレンツォ教会に馬で向かうレオは二人の行政官に襲われた。そのひとりは先代のハドリアヌスの親戚《しんせき》筋の男だ。レオは馬から落とされて、あやうく目をくりぬかれて舌を切られるところだった。すぐに聖ステファノ修道院に運び込まれたが、そこで監禁され、ようやく夜闇に紛れて脱出した。

数週間後、レオは北部イタリアの王であるシャルルマーニュの息子に守られてローマへ帰還した。しかし、ほどなく、今度は姦通《かんつう》と偽誓の罪に問われてしまった。これが事実であったのか反対派貴族によるでっちあげだったのかは別として、この騒ぎでローマの機能は完全に麻痺《まひ》してしまった。レオ三世は事態を収拾するためにシャルルマーニュを呼んだ。大西洋岸でノルマン人と戦闘状態にあったシャルルマーニュは、一年後にようやくローマへ入城した。八〇〇年の一一月のことだ。

カリスマ性の高いシャルルマーニュが自ら乗り出してきたことで、ローマの空気の流れが変わった。結局、司教会議が、「法王は何人によっても裁かれない」という見解を出して、法王に対する起訴は取り下げられた。事のけじめをつけるために、一二月二三日、サン・ピエトロ大聖堂でシャルルマーニュはレオに無実の自己宣誓を要求した。レオにとっては屈辱的な瞬間でもあった。

しかし、その二日後のクリスマスに、同じサン・ピエトロ大聖堂で、レオはシャルルマーニュに戴冠の儀礼を施した。レオは「神より冠が授けられる」と三度繰り返した。シャルルマーニュはレオの前に跪《ひざまず》いて王冠を受け、その後でレオがシャルルマーニュの前に身を投げ出して伏した。これはビザンティン（東ローマ）帝国での皇帝の即位式をなぞったものだった。これによってシャルルマーニュは大帝となり、レオはシャルルマーニュの勢力圏を西ローマ帝国と呼んだ。

レオ三世の醜聞がきっかけとなって、初めて東方の影響を受けないヨーロッパ人のためのヨーロッパが誕生したわけだ。ヨーロッパはシャルルマーニュに代表される世俗の権力と、天に向かってアンテナをたててシンボリックな力をもつ法王との、虚実ないまぜの二人三脚のもとに歩みだしたのだ。

第三章　ローマ法王の盛衰

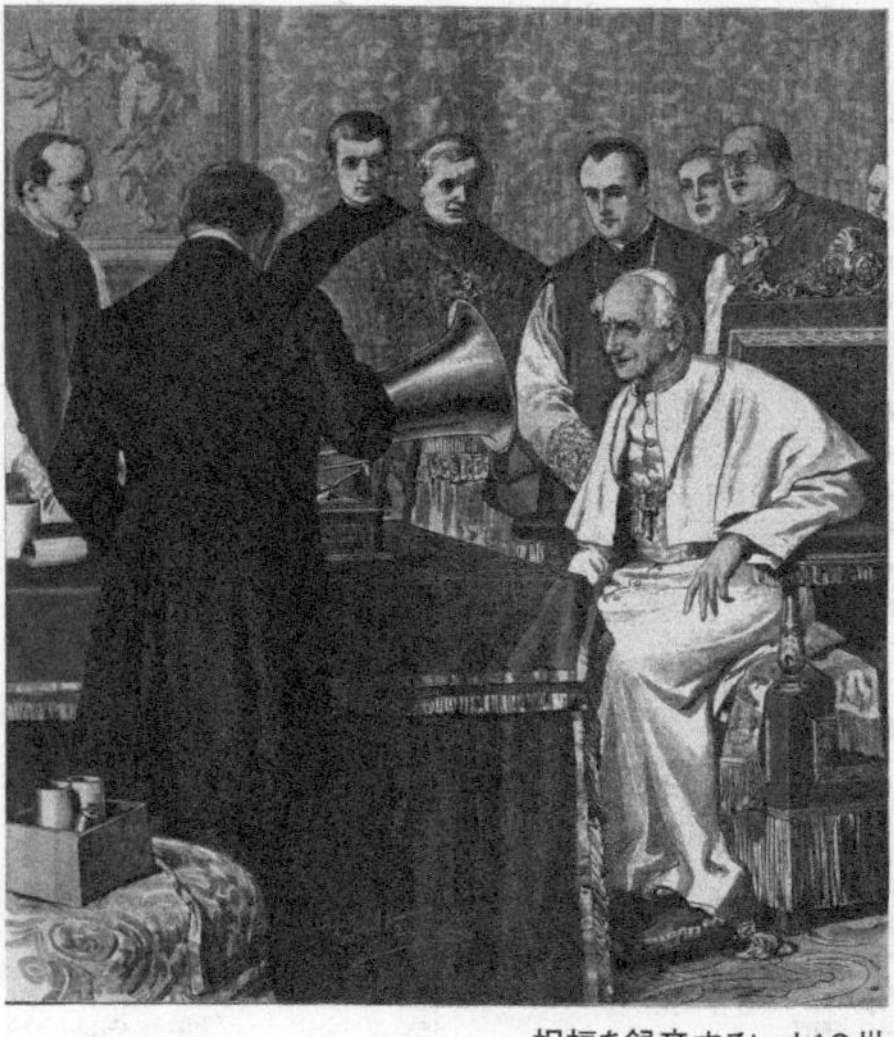

祝福を録音するレオ13世

†混乱時代

九世紀の終わりから一一世紀の半ばまでの一五〇年は、ローマ法王の歴史において最初の混乱時代だった。一応の領土は得たものの、その内部では権力争いが続いた。シャルルマーニュの死後、フランク王国も分割相続によって今のイタリア、フランス、ドイツの三つに分かれ、さらに他民族の侵入によって解体し諸侯が群居する状態になった。法王領もイタリア諸侯たちの垂涎《すいぜん》の的になり、法王の地位をめぐって争いが絶えなかった。

八九六年に死んだ法王フォルモススなどはその正統性がよほど怪しかったらしく、後任者によってわざわざ墓から掘り出されて死骸《しがい》を裁判にかけられ、偽誓の罪で位を剝奪《はくだつ》されローマの町を引きずりまわされた後で河に捨てられた。

権力者たちがそれぞれ法王を名乗って領土を争ったので、一五〇年間で四四人もの法王や反法王（後に位を剝奪された法王）が輩出した。ヨハネ一一世（九三一〜三五）はセルギウス三世（九〇四〜一一）の私生児だと言われたし、ヨハネ一二世（九五五〜六四、洗礼名を使わずに法王としての名を採用した最初の法王）は酒宴と狩猟に耽《ふけ》り、既婚婦人と同衾《どうきん》している時に急死した。初めての外国人法王（ドイツ人、フランス人）

が登場して一時は法王座の独立性を強調したが、ほどなくローマ貴族階級同士の争いや馴れ合いに戻った。ベネディクトゥス九世（一〇三二〜四四）は代父に一〇〇〇タラントで法王の地位を売った（グレゴリウス六世、一〇四五〜四六）。

中央権力の堕落にもかかわらず、カトリック教会そのものは北欧、中欧、東欧を順調にキリスト教化していった。それに引き換え、東方教会の領土はイスラムに侵食されていった。

レオ九世（一〇四九〜五四）の時代になってようやく内部改革に手がつけられた。一〇五四年には、ローマ・カトリックと東方ビザンティン教会がついに互いを破門しあって分裂した。ローマ法王の選出も、枢機卿《すうききょう》のみによるものとなって皇帝から独立した。グレゴリウス七世（一〇七三〜八五）の代になって教会内部の改革はほぼ達成され、カトリックはようやく中央集権的な強力な統一体となった。

†女法王ヨハンナの真相

女法王ヨハンナの伝説はこの混乱時代の初めに位置する。一四七九年にヴァティカンの司書バルトロメオ・サッチが出した『法王列伝』の中に、レオ四世（八四七〜五五）の後のヨハネ八世は女性だったとあるのがその伝説の始まりだった。その典拠は一一世紀の博学者マリアヌス・スコトゥスという人の「レオ四世の後、ヨハンナという女性が二年五カ月四日の間法王の座についた」という言葉であるらしい。

この伝説は後にプロテスタント信者や反教権主義者たちを大いに喜ばせて、芝居やヴォードヴィルのテーマにまでなってしまった。およその内容は次のようなものだ。


イギリス人ヨハンナは一二歳でドイツの修道院に入ったが、若い修道士と駆け落ちする。二人はギリシアへ行き、ヨハンナは男装してアテネで学問に励んだ。やがてその学識が有名になって、八五五年にローマで法王に選出された。しかし二年五カ月と四日後、典礼行列の最中に法王が女児を出産したことで女性であることが知れてしまった。彼女はそのまま産褥《さんじょく》で死んだとも、馬の尾につながれてローマの外に追放されて死んだともいわれる。

それ以来、新法王はラテラノ宮殿のチャペルに置かれた底に穴のある椅子に座らされて性別のチェックを受けるようになった。

この話はその猥雑《わいざつ》さがルネサンスの年代記作者たちに受けたのか、一六世紀の末まで繰り返し取り上げられた。ボッカチオもその中にいる。何代かにわたる法王秘書をつとめたテオドリック・ド・ニエムは、ローマでヨハンナとその娘の像を見たことがあると主張した。一五八五年に法王になったシクストゥス五世がそれをテヴェレ川に捨てさせたのだという。一五八七年にはフロリモン・ド・レエモンは女法王の伝説が信ずるに足らないと主張した。

また、一五世紀以来シエナの大聖堂には歴代法王の胸像があり、その中に「ヨハネ八世、女性」としたものがあったとフランスのベネディクト会士マビヨン（一六三二〜一七〇七）が述べた。彼は穴のあいた椅子も目撃したと言った。しかし、シエナの大聖堂が像で飾られた一五世紀にはすでに女法王の伝説が広まっていたのだから、それに基づいて像が造られても不思議ではない。

穴があいた椅子の方も確かに存在したが、それは座式便器の役割をするものだった。ルイ一四世もヴェルサイユで便器つきの椅子にすわったまま朝の謁見を済ませたといわれる。法王のこの椅子は、実用よりも、法王といえども生理的な欲求に屈せねばならぬという謙遜《けんそん》の気持ちを喚起するためのものだったともいわれる。したがって女法王が存在した証拠にはならないのだが、この椅子はまるで女法王の残した聖遺物のように見なされた。

真相はどうだったのだろうか。実は、レオ四世の後には八五五年にベネディクトゥス三世が一〇四代目の法王に選ばれているのだが、ライヴァルのアナスタシウスに追われてしまった。やがてアナスタシウスは反法王として歴史から抹殺され、ベネディクトゥス三世が返り咲く。この反法王の在位期間が女法王ヨハンナの時期に当てはめられたようだ。

ではヨハネ八世というのはいたのだろうか。ヨハネ八世は八七二年選出の一〇七代法王だった。この人は短気で敵が多く、ある枢機卿に毒を飲まされた後で殴殺されている。

ヨハンナ伝説が広まったのは、やはり一五世紀末に流行ったアンチ・クリスト（反キリスト）伝説と結びつけられたせいもある。それは、ある悪魔憑《つ》きの男が、パリの近くでアンチ・クリストが生まれて悪魔のサバトで洗礼を受けたと宣言したというものだ。ブランシュフラール（白い花）という名のユダヤ女性とサタンの間に生まれた子供で、彼は爪や角や尻尾《しっぽ》を法王の衣装の下に隠すといわれた。

この話とヨハンナ伝説が結びつけられて、ヨハンナの生んだのがアンチ・クリストだと見なされた。もしヨハンナの正体がばれなければ、このアンチ・クリストが紀元一〇〇〇年に再臨するはずだった。

一八世紀の啓蒙《けいもう》時代になると、ようやく女法王のエピソードは歴史ではなく伝説であると考えられるようになった。フランス革命後の一七九三年、『女法王ジャンヌ（ヨハンナ）』という題名の一幕ものの音楽劇が上演された。反教権主義が優勢で、ローマ法王に忠誠を誓う司祭や修道者が次々とギロチンにかけられた時代である。ヴァティカンのスキャンダルや聖職者や修道女の色恋をテーマにした芝居がもてはやされた。ヨハンナの話は打ってつけのものだった。芝居の筋は次のようなものだ。

冒険好きの娘が男装し、数人の恋人を暗殺してからローマへ行き司祭となり、枢機卿となった。新しい法王を選ぶために枢機卿が集まったが、聖職者があまりにも堕落しているので、奢侈《しゃし》と傲慢《ごうまん》と過飲過食の悪徳を持つ者を除くなら法王のなり手がだれもいないと嘆く始末になる。結局、一同の中で最も品行正しく見えるヨハンナが法王に選出された。ヨハンナは法王になるや否や自分の素性を明かし、すべての司祭に愛人との結婚を許可すると宣言した。みんなが満足し、ヨハンナは法王の座を守る。

ローマ教会への揶揄《やゆ》とともに、革命精神の高揚が見られるこの芝居は、非常に受けたらしい。このことは逆に、ローマ法王に象徴されるローマ教会がいかに民衆の心情の中に大きな空間を占めていたかを物語っているだろう。

一八三一年に上演されたシモナンとネゼルの同名のヴォードヴィルも前作のパロディだった。劇中で、フランスのヴァティカン大使であるランスの大司教から習ったという歌を枢機卿が歌う。司祭と女信者の戯《ざ》れ事《ごと》をおもしろおかしく語ったものだ。フランス小話に教会関係者が出てくる時もほとんどが性的な猥雑なテーマであった。これらの事実は、ローマ教会の掲げている純潔の建前がよくも悪くも民衆の間に浸透し尽くしていたことを示す。「女法王」の伝説は、そんな教会の力に対抗する強力なカウンターパンチだったのだろう。

†黄金時代

グレゴリウス七世の改革以来、ローマ法王はヨーロッパの他の国と肩を並べる独立権力になった。しかも教会のヒエラルキーに連なる司教たちや有力修道院は各国に領地を持っていた。それぞれが封建諸侯でもあったのだ。当然その国の国王は、自分の封建領土の封地権を維持するために司教や修道院長の任命権を手にしようとした。ここにローマ法王との確執が生まれる。

神聖ローマ帝国のハインリヒ四世は、俗人（王）による聖職者任命を禁止したグレゴリウス七世に退位を迫ったが、法王はすぐさま皇帝を破門してしまった。そしてドイッ諸侯に呼びかけて皇帝への忠誠義務を解くなどしたために、皇帝も折れざるを得なくなった。贖罪《しょくざい》の粗布を身にまとって裸足でイタリア中北部のカノッサ城に赴いて、法王に謝罪した。有名な「カノッサの屈辱」(一〇七七)だ。

その後、十字軍の組織と遠征、イベリア半島におけるアラブ人からの国土回復運動(レコンキスタ)を通して、法王の権力は強大化していった。ヨーロッパ全体が生産力を増して力をつけていく過程で、個々の国を超えたヨーロッパ・ナショナリズムが発揮される舞台では必ず、宗教的なコンテキストが利用されたからだ。

「法王庁」という言葉が初めて登場したのはウルバヌス二世(一〇八八～九九、フランス人)の時代、一〇九八年だ。この法王が最初の十字軍を呼びかけた。十字軍は、トルコ人に占領されたエルサレムをキリスト教徒の巡礼地として解放しようという運動だった。

パレスティナに主としてアラブ人がいた頃はキリスト教徒の巡礼は続行されていたが、一〇七〇年代にセルジュク＝トルコ人が来てからは巡礼者が迫害を受けるようになっていた。一〇五四年にカトリック教会から分離したギリシア正教会(ビザンティン帝国)の皇帝アレクシウス一世も、セルジュク＝トルコの侵入に悩まされてウルバヌス二世に援助を求めた。ローマ・カトリックにとっては、その威信を高め、東方にも進出する好機会であり、封建制が確立して経済的基盤の固まったヨーロッパ諸国も対外発展を求めていた。力をつけていた北イタリア諸都市の商人もその販路の拡大を図っていた。

十字軍は一〇九九年に聖地を奪還してエルサレム王国を建設した。この王国は一〇〇年ももたずにイスラム教徒によって討滅されたが、一二〇四年の第四回十字軍はビザンティン帝国の首都コンスタンティノープルを占領してラテン帝国を建設した。これも一二六一年までしかもたなかったが、ローマ・カトリックはともかく一時はコンスタンティノープルからエルサレムまで版図を広げたわけであり、法王イノケンティウス三世（一一九八〜一二一六）は法王権の絶頂を極めた。

十字軍も初期には確かに宗教的狂熱が支配していた。彼らなりのモラルもあった。たとえば、フランス王フィリップ二世は十字軍に参加したがったが、愛人がいたことでウルバヌス二世に破門されて十字軍の参加も禁じられている。十字軍に出征する者は右肩に布の十字を縫い付けることですべての罪を赦《ゆる》された。死後の天国行きを保証されたわけである。十字軍の組織を通じて、法王はヨーロッパの真の首長であることを名実ともに示すことができたのだ。

イノケンティウス三世はヨーロッパ内部では、フランス南部の最後の異端勢力カタリ派を壊滅させた。これでヨーロッパは完全にカトリック一色になった。また十字軍によってもたらされた東方の文化を研究するために、ヨーロッパ各地の大学の発展を支援した。グレゴリウス七世は自分のことを「ペトロの代理者（助祭）」と称していたが、イノケンティウス三世は「キリストの代理者（助祭）」と昇格させて自称するようになった。

権力が最高になると、もとの福音書精神は得てして忘れ去られるものだ。しかし宗教としてのキリスト教も成熟したらしく、同じ頃にアッシジのフランチェスコ（一一八一〜一二二六）のような聖人が出て清貧の修道会を起こすなど、聖性のバランスを全体としてうまく保つ運動も起こった。

†衰退

法王勢力が頂点に立つと同時に衰退も始まった。十字軍を露骨に政治に利用したことで各国の国王の反感を買い、また十字軍自体が宗教的には結局失敗したことで、法王の権威は失墜していく。その象徴が一三〇三年のボニファティウス八世（一二九四〜一三〇三）のアナーニ事件だ。

それまで法王にとっては主として神聖ローマ皇帝との勢力争いが中心だったのだが、

イギリスやフランスで封建社会が解体していき絶対王権が確立するようになると、他の国の国王たちも国内の聖職者の財産をねらうようになった。フランス王のフィリップ四世（一二八五〜一三一四）は特に王権の伸長を図った。またイギリスとの紛争経費の捻出《ねんしゅつ》のために国内の聖職者に課税したので、ボニファティウス八世と激しく対立した。

ボニファティウス八世は難を避けてイタリアのアナーニの公邸に引きこもったが、フランス王の使節である法官ノガレがやってきて法王を聖職売買と異端の名で告発した。法王がノガレに連行されることを拒否したので、ノガレは法王を殴った。結局法王はローマに戻ったが、この暴力事件のショックによってまもなく憤死したといわれる。この「アナーニ事件」は、二〇〇年あまり前の「カノッサの屈辱」で王が法王の前に屈したことの逆であり、法王権力の衰退を物語っている。

この事件の後、フランス王は、十字軍の時代に聖地を守るために発展して国際勢力となっていたテンプル（神殿）騎士団をいっせいに逮捕して、その莫大《ばくだい》な財産を没収することを計画した。フランス人法王のクレメンス五世（一三〇五〜一四）はこれに協力した。一三〇七年一〇月、二〇〇〇人のテンプル騎士が一斉に検挙された。彼らは拷問にかけられ、一三一〇年五月、指導者五四人がパリで火刑にされた。

フィリップ四世はさらに、一三〇九年に法王庁を南フランスのアヴィニヨンに移してこれを完全に支配するようになった。この期間は法王庁の亡命時代で「バビロン捕囚」ともたとえられるが、実際は、アヴィニヨンを正式に買い取って法王領としたし、フランス人法王がフランス王の機嫌だけとっていればいいので、イタリアの諸侯との争いやドイツの皇帝との確執からも逃れ、それなりの平和を享受してルネサンスを先取りするように栄えた。

法王庁は一三七七年にはローマに戻った。しかしほどなく大分裂《シスマ》時代（一三七八〜一四一七）に入って、ローマとアヴィニヨンに法王が両立して互いに互いを破門するという争いを繰り返すことになった。大分裂が収拾した後にはルネサンスで文化的には小康状態を示したというものの、やがてプロテスタントによる宗教改革にみまわれ、その後は啓蒙時代に取り残されるなど、ローマ教会は近代に至るまで厳しい時代を経験する。

しかしその間、教会がヨーロッパの歴史の表舞台から姿を消したことはなく、いつも主要場面に登場し、歴代法王は昔ながらの栄光に満ちたイデオロギーを一度も捨てなかった。そして、イデオロギーとリアリティのずれが大きくなればなるほど、ローマ教会はヴァーチャルな成熟を見せていくことになる。

†大分裂

一三七七年一月、最後のフランス人法王グレゴリウス一一世（一三七〇〜七八）がアヴィニヨンの法王庁からようやくローマに帰ってきたのに、一年後に教会大分裂が起こってしまった。グレゴリウス一一世自身、三代前の法王の甥《おい》で一七歳で枢機卿に任命され、法王に選ばれてからようやく神父に叙任されるという地元の縁故関係の人だった。ローマの法王庁に戻ったとはいえ、死ぬ前に自分と同郷（リモージュ）の枢機卿八人（うち五人は親戚）を任命しておいた。すでに後任選びの緊張は高まっていた。

フランス国王の傀儡《かいらい》だった七〇年間の七代のフランス人法王に代わって、イタリアはイタリア人法王を求めていた。神聖ローマ皇帝を戴《いただ》くドイツも、これ以上フランス人の法王を認めたくなかった。イタリア人、できればローマ人法王が欲しいところだった。群衆は選挙権のあるフランス人枢機卿を襲おうとし、選挙に集まった一六人の枢機卿のほとんどは身の危険を感じて遺言状を書く始末だった。結局、民衆の圧力に屈した形で、六〇年配のナポリ人が法王になりウルバヌス六世（一三七八〜八九）を名乗った。

ところが不運なことに、法王になったとたん、ウルバヌスの人格が変わった。謹厳だったはずの人物が、攻撃的になって気に入らぬ枢機卿を罵倒《ばとう》したり拷問したりするなど常軌を逸するようになった。枢機卿たちは相談して副法王を立てることを提案したが法王に拒絶され、仕方なく選挙無効の宣言を出した。

彼らは再び集まり、ジュネーヴ公ロベルトを新法王として選出した。クレメンス七世（一三七八〜九四）だ。三名のイタリア人枢機卿は投票を棄権したものの、選挙には出席していたので結果は合法だと見なされた。新法王はアヴィニヨンに戻った。アヴィニヨンの生活が気に入っていたこともあるだろう。もちろんウルバヌス六世はローマにとどまり、互いに互いを破門しあって、ここに教会の大分裂時代が始まった。

二つの法王庁は、それぞれのシンパを得て、ヨーロッパの利害は二つに分かれた。そのまま三〇年以上が経ち両陣営とも数代の法王が交替したが、事態を収拾するためについに全司教による教会会議が開かれた。一四〇九年ピサの教会会議で三人目の法王が選出されたが、ローマとアヴィニヨンの二人は権利を放棄しなかった。一四一四年から一八年のコンスタンツ（スイス）公会議でようやく、ローマ人のマルティヌス五世（一四一七〜三一）が公認されてローマとピサの法王は辞任した。新法王は誰にも有無をいわせぬほどの有力な貴族コロンナ家の出だった。アヴィニヨンのベネディクトゥス一三世だけは最後まで権利を主張して、スペインに亡命した後に四面楚歌《そか》の状態で死んだ。

司教会議が法王の正統性を決定できるということは、公会議が法王権に優越するという考え方だ。この理論はパリ大学の神学者たちに支持されていた。またコンスタンツの公会議を招集し指揮したのは、神学者でも聖職者でもない神聖ローマ皇帝であるドイツ王である。

カトリック教会の強みとは、民族雑居のヨーロッパの中でラテン語を共通語にしながら複雑な権威体系を作り上げて使い分けてきたことだろう。教会大分裂の危機で法王の権威がなくなっても、必要とあらば神聖ローマ皇帝だのパリ大学だのという世俗の権威や学問の権威が出てきて事態を収拾にかかるという柔軟性があった。逆にいうと、ローマ教会のおかげで、利害の一致しない各国が超国家的な部分で団結協力しあうという、共通理念のもとに動く行動様式を学んでいったわけだ。これはその後現在にいたるまで、キリスト教国の外交力のベースになっている。

†ルネサンスの法王たち

一四一七年、マルティヌス五世はようやくローマに落ち着いて、ラテラノ宮殿を離れてサン・ピエトロ大聖堂そばのヴァティカン宮殿に住むようになった。ローマ教会の中世時代が終わりを告げて、ヴァティカンの新しい時代が始まった（アヴィニョンに懲りたのか大分裂以後フランス人法王は今まで選出されていない。この後同じ一五世紀から一六世紀にかけてスペイン人二人とオランダ人一人が法王になっただけで、現代にいたるまでイタリア人法王が続くことになる）。

マルティヌス五世は異端をとりしまったり、ユダヤ人の赤ん坊の強制洗礼を禁じたりと、それなりに教会の威信の回復を図ったが、聖職者の道義退廃や財政紊乱《ぶんらん》はその根を深めていった。折しも、十字軍以来のギリシア文化再発見と、スペインの再征服《レコンキスタ》によるアラビア文化の発見とそれを通したギリシア・ローマ時代の文化の再発見が、ルネサンスのユマニスム（人文主義）となって花開こうとしていた。

ニコラウス五世（一四四七〜五五）とピウス二世（一四五八〜六四）の二人は、キリスト教と古代文化の融合を図った。ニコラウス五世は芸術家を擁護するメセナとなって、ローマをユマニスムの中心の一つにした。学者を集め、古い書物を収集してヴァティカン図書館の基を築いた。在位中の一四五三年に、東方ではコンスタンティノープルがオスマン帝国に征服されてついにビザンティン帝国（東ローマ帝国）が滅びたが、なすすべとてなかった。ピウス二世は自らが卓越したユマニストであった。

この二人の法王の後に続いた法王たちは、ルネサンスの学問的側面よりも審美的側面に注目して美術の擁護者となり、ローマをフィレンツェに次ぐルネサンスの都にした。しかし、道義と品行の点までも、まったく俗世の貴族と変わりがなくなった。次の世紀の宗教改革の誘因となる頽廃《たいはい》が法王庁を厚く覆っていく。

その筆頭はアレクサンデル六世（一四九二〜一五〇三）である。彼は俗名をロドリゴ・デ・ボルジアという。ボルジア家はスペインの出身だったが、法王になった伯父（カリストゥス三世、一四五五〜五八）に招かれて、若くして枢機助祭に任命された。三〇歳で法王庁の要職につき財産を成し、愛人との間に多くの私生児をつくっていた。その中でも後世に名を残したのがチェーザレ・ボルジアとルクレチア・ボルジアである。

六一歳で法王選挙を買収し法王の座についてからは血族登用を思うままにした。息子のチェーザレは一八歳でヴァレンシアの司教になり、兄を毒殺したりしてマキャヴェリの『君主論』にヒントを与えたといわれる。娘ルクレチアも放蕩《ほうとう》を繰り返し、父がローマを留守にするときには摂政を務めた。父と娘はミケランジェロを招いてサン・ピエトロ大聖堂の改築プランを立てさせようとした。カスティリヤ王に請われて一四九三年にアメリカ大陸をスペインとポルトガルに「分配」したのもこの法王である。富のある枢機卿を毒殺しようとして用意した毒を、誤って飲んで死んだといわれている。

続くユリウス二世（一五〇三〜一三）はシスティナ礼拝堂の天井画をミケランジェロに託し、ブラマンテに大聖堂改築を発注した。この人も枢機卿時代に私生児をたくさんつくっていたが、ボルジア家とちがって、血族登用をしなかった。聖職売買も禁じたし、新大陸に最初の司教区を設けるなど教権の強化を図った。財政の立て直しのために免罪符の販売を濫発したが、自らは質素な暮らしを守り、ルネサンスの法王として初めて長い髯《ひげ》を蓄えた。

フィレンツェのメディチ家出身のレオ一〇世（一五一三〜二一）は宴会好きで豪華な生活を送り、六八三人もの召使をかかえていたと年代記作者に記録されている。この法王が涙を流した唯一の機会は、気に入りの画家ラファエロの死んだときだと言われている。老練な政治家でもあり、枢機卿の数を増やしてその権力を分散させた。しかし、在位中にドイツのルター神父が腐敗したカトリック教会を弾劾して宗教改革が勃発《ぼっぱつ》した時は、ルターを破門する以外になんら有効な手を打てなかった。

結局、ルネサンスの法王たちは、いずれも芸術を擁護してその資金作りに免罪符を売りまくり、宗教家としては批判され新教徒（プロテスタント）の離反を招いたわけだが、少なくとも美術都市としてのヴァティカンを後世に残した。この後もヴァティカンは栄枯盛衰を経験するが、美術擁護と収集という伝統は確実に受け継がれていった。

†宗教改革とカトリック改革

ルターによって火をつけられた宗教改革の嵐は一六世紀を吹き荒れ、ヨーロッパの三分の一がカトリック教会から離れた。無傷に近いのはスペインとイタリアだけだった。カトリックに新風を吹き込む動きも生まれてきた。スペインのバスク地方出身のイグナチウス・ロヨラが創立したイエズス会の運動(一五三四〜)はその一つである。イエズス会士は入会時にスコラ哲学の研究を義務づけられ、法王に対する特別の服従誓願をたてた上で、一種の民軍として、研究、説教、伝道のために世界中に散っていった。

新教徒に対抗して、カトリックの戒律改革と教義の確立を目指したのはトリエント公会議(一五四五〜六三)だ。司教だけでなく、修道会の神学家たちも多く出席した。聖職兼任、一四歳未満の教会領土取得、二〇歳未満の司祭叙任がそれぞれ禁止され、司教の定住義務や司祭養成の神学校創立も決められた。法王権が公会議に優越するという一項もつけ加わって、法王は、コンスタンツ公会議以来曖昧《あいまい》になっていた絶対権力を回復した。

　ピウス五世（一五六六～七二）はもとドミニコ会士の異端審問官で、白い修道服を着続けて、それまでの君主的法王から精神的リーダーへとイメージチェンジを図った（これ以来法王は白服を着ることになる）。典礼も改革した。異端審問官出身だけあって謹厳で、禁書目録を充実させたりイギリスのエリザベス一世を破門するなど厳しい態度を示した。ユダヤ人を法王領土から追放したり居住区に閉じ込めたりもした。周りからも恐れられ警戒もされたが、後にめでたく聖人の列に加えられている。

　続くグレゴリウス一三世（一五七二～八五）はもっと実際的な改革を手掛けた。彼はボローニャ大学の法学教授で、トリエント公会議にも法律アドヴァイザーとして参加した実績があった。各地に法王大使を派遣するシステムも開始した。太陽の動きと一〇日もずれていたユリウス暦を廃止して、今も使われているグレゴリウス暦を採用した。プロテスタント国もまもなくこれを使うようになった。それほどのインテリであったのに、フランスのカトリックが聖バルテルミーの夜に新教徒を大虐殺したというニュースが入ったときは、神に感謝する行列を繰り広げて歴史に汚点を残してしまった。

次のシクストゥス五世（一五八五〜九〇）は法王庁のリストラに踏み切った。枢機卿は七〇人とされ、各省の機能が特定された。ローマは勢いと情熱を取り戻し、バロック芸術が花開いた。

†近代ヨーロッパと法王

宗教改革にともなう戦争でカトリックもプロテスタントも多くの血を流した。一六四八年のウェストファリア条約によって、カトリックとプロテスタント各派の住み分けがようやく国際的な合意に達した。ドイツの領邦国家と自由都市は信教の自由を獲得し、神聖ローマ帝国は名目だけの存在になってしまった。法王イノケンティウス一〇世（一六四四〜五五）はそれに対して抗議したが、無視された。法王はもはやヨーロッパの首長ではなくなり、「ローマ・カトリック教会」の首長に過ぎなくなったのだ。

ともかく血なまぐさい宗教戦争を通して両陣営の多くの人々は、信仰を理念にして生きる生き方から一種の距離をおくようになった。そこに代わって登場したのが科学主義である。科学主義とそれに裏打ちされた近代主義は、宗教を無視しながら、または否定しながら発展していった。

プロテスタントの信仰は最終的に神と人との個人的な関係を最重要視するものだっ

たので、科学主義と激しくぶつかることはなかった。聖なるものは生産論理の中に持ち込まれず、産業の発達を容易にした。カトリックでは教会が神と個人の間にあって社会規範を司っていたのでそうはいかず、教会はしばしば科学主義と激しく対立した。一六〇〇年に思想の自由を唱えたジョルダーノ・ブルーノが火刑に処され、一六三三年に地動説のガリレオ・ガリレイが終身刑を宣告された。

法王はこうしてヨーロッパ全体の近代化への動きから離反していったが、それでもイノケンティウス一一世（一六七六〜八九）のように、ヨーロッパの防衛のために政治的な重要性を発揮して存在を主張した人もいた。彼は神聖ローマ帝国のレオポルド一世とポーランド王の同盟を実現させて、トルコ人をウィーンから撤退させた。さらにハンガリーも解放した。

結局、イスラムのような非キリスト教世界からの脅威が出現する時には、プロテスタントも含めてヨーロッパは相変わらずいっせいに超党派的な存在であるローマ法王を仰いだというわけだ。法王は「ヨーロッパの首長」ではなくなったものの「ヨーロッパのシンボル」としてまだ機能したということだ。

ベネディクトゥス一四世（一七四〇〜五八）も、非常な知識人であり、啓蒙の時代に教会と科学主義を和解させようとして努力した。それまで神学、哲学、法学、医学からなっていた大学に高等数学、化学、外科学の専門部門を導入した。聖人の認定にともなう奇跡調査に科学的観点を導入した超心理学の先駆者でもあった。すべての司教にあてた回勅という形式の意思表示を始めたのもこの法王だ。しかしフリーメイスンを破門したり、モンテスキューの『法の精神』を禁書にしたりと、カトリック保守主義から完全に距離をとることはできなかった。逆に、その頃の近代主義者、啓蒙主義者のほとんどがこぞってカトリック教会批判の立場をとった事実は、いかにカトリック教会が過去の時代のすべてを象徴する強力な理念であったかということを物語っているだろう。

クレメンス一四世（一七六九〜七四）は貴重な戦力だったイエズス会を失った。イエズス会はポルトガル、フランス、スペイン、ナポリ、パルマの各王国から追放され、法王は教会平和を口実にイエズス会を解散させた（一八一四年にピウス七世によって再建）。一万人の法王の戦士たちを失ったカトリック教会は弱体化した。

ピウス六世（一七七五〜九九）とピウス七世（一八〇〇〜二三）の二人は、ともに二〇年を越す長い在位の間に近代革命の嵐を経験した。前者は保守的だったが、尊厳をもって社会変化を見届けた。後者は新しい価値観に積極的に共鳴して教会の威厳を高めた。

†フランス革命と法王

ピウス六世は近代主義は悪魔の業であるとして啓蒙主義全体を弾劾した。フランス革命が勃発したときはすぐに反応しなかったが、革命政府が宗教団体を解散させ公誓願（神の名において公の場所でする誓願。政策もあれば個人の修道誓願も含む）を禁止し、聖職者公民憲章を発布するとさすがに腰をあげた。聖職者は法令に対する忠誠宣誓を求められた。聖職者は選挙民によって選ばれローマ法王から切り離されることになる。一七九一年、法王は聖職者公民憲章を破棄し、宣誓の取り消しを要求した。ついでに人権宣言と市民憲章も弾劾してしまった。続いてフランスに対して十字軍を組織しようとしたが、逆にナポレオン軍に攻められてローマを占領されてしまった。もちろんフランス国内のアヴィニョンを初めとする法王領の飛び地も失った。

ピウス六世は亡命地で死んだが、続くピウス七世は何とかヴァティカンに戻ることができた。ロシア・オーストリア軍との戦いのためにフランス軍がローマを放棄したからだ。ナポレオンも一息つくと、フランスにカトリックがいかに根付いているかを思い知り、一八〇一年にピウス七世との間に政教条約《コンコルダート》を結んだ。自分が民衆に支持される皇帝に成り上がるためには法王を一官僚とみなして利用しようとしたのだ。

一八〇四年一二月二日、ナポレオンはパリのノートルダム大聖堂にピウス七世を招いて皇帝の戴冠《たいかん》式を執行した。ピウス七世は、戴冠そのものには手を出せなかったが、ナポレオンと妻のジョゼフィーヌを聖油で厳かに祝別した。

ナポレオンは自分の人気取りと権威づけに法王を利用したが、法王もこの戴冠式に立ち会うことで革命に一矢を報いたことになった。フランス内での宣教会が一応復活し、共和国カレンダーが廃されて昔ながらの聖人祝日からなるカトリックのカレンダーが復活した。しかし法王はナポレオンに妥協したわけではなかった。

一八〇九年七月五日、ナポレオンはピウス七世を逮捕させた。法王が対英の大陸封鎖に協力しなかったからだ。皮肉なことにこの事件がきっかけでヨーロッパ全体で法王の人気が再燃するようになった。

その年の五月、ヴァティカンにフランス革命の三色旗が上げられた。法王は指揮をとった将軍に、「貴官がナポレオンに誓った忠誠によって命令に従わざるを得ないのなら、自分はなおさら法王として神から預かった法王領を手放すことはできない」と言った。法王はナポレオンの破門状をサン・ピエトロ大聖堂と、聖マリア大聖堂と、ラテラノの聖ヨハネ大聖堂の門に張り出した。七月、将軍がクィリナーレ宮殿に法王を逮捕にやってきた時には四〇人の屈強なスイス護衛兵がいたが、抵抗しなかった。

法王が神にのみ守られたいと言ったからだ。

一八一四年、ナポレオンの失脚とともにヴァティカンに戻った法王は、行き場所のないナポレオンの家族をもローマに受け入れて慈悲の心をヨーロッパ中に喧伝《けんでん》した。ナポレオンの激動の時代に信念を貫いた法王の態度は、多くの人に信頼の念を呼びさまさせた。革命の反動もあってカトリック熱は再燃し、デモクラシーとの共存が夢見られた。

†イタリアの統一へ

ナポレオンによる占領はイタリア人の民族意識を目覚めさせ、国家統一の要求が高まった。一八七〇年のイタリア統一によって法王が完全に主権を失うまで、何度も紛争が繰り返された。民衆は法王領が国家として民主化することを求めたが無理だった。グレゴリウス一六世（一八三一〜四六）は保守反動の立場をとり、鉄道でさえ地獄への道だと攻撃する始末だった。財政的にも困窮し、ユダヤ系のロスチャイルド銀行に助けられた。

続くピウス九世（一八四六〜七八）はずっと自由主義的だったので、イタリア人は一時「法王大統領」による共和国の実現を夢見た。しかし一八四八年に、オーストリア相手にイタリア民族解放戦線が戦ったときに法王が参戦拒否したことで、人心は離れた。オーストリアはカトリック国である。全カトリックの首長であるという法王の立場は、一国のナショナリズムとは相容《あいい》れないのは当然だった。法王の関心事はカトリックの中央集権の強化だった。

一八六四年一二月、ピウス九世は近代における八〇の命題を弾劾し、法王は進歩や自由主義や近代文化とは相容れないと明言した。一八六九年一二月、ヴァティカンに七〇〇人の司教が集まって大公会議が始まった(第一ヴァティカン公会議)。法王の無《む》謬性《びゅうせい》が最大の議題だった。法王は誤ることがなく公会議の承認なしで信仰と道徳に関する宣言を公布できるという、絶対首位権を確保するものだった。七〇〇人のうちの反対派は一四〇人だった。六〇人は投票の前にヴァティカンを去った(この時に法王を首長としないカトリック分派が生まれている)。

法王の無謬性が宣言されて宗教者としての絶対権力を掌中にしたピウス九世は、同じ頃、国家の首長として失脚した。統一イタリアがついに実現し、法王はイタリア王国の一国民であるとされてしまったのだ。法王は新イタリア政府との妥協を拒み、自らを「ヴァティカンの囚人」と称して宮殿に籠《こも》ってしまった。この態度によって多くのカトリック信者の心情はかえって強く結びついた。

†新しい出発の準備

法王が世俗の権力を失ったちょうどその時に、宗教者として絶対化したのは皮肉でも偶然でもなかった。一九世紀にはカトリック国も含めてヨーロッパ中でナショナリズムの嵐が吹いて、政教分離や反教権主義が起こっている。聖職者の迫害もあった。その危機意識がカトリック内部の団結を強め、超国家的なネットワークの充実を図らせたのである。国家としての実体と実権が弱まるにつれて、法王は本来の宗教者としての力を取り戻していったのだ。

中世さながらの輿《こし》に運ばれ三重冠を戴いた法王は、演出の力、ヴァーチャルな力を信じていた。折しも、プロテスタント国では次々と信教の自由が認められ、カトリック教会は息を吹き返しつつあった。新大陸でもカトリック宣教会は着実に根を下ろしつつあった。ローマを失ったと同時に、ヨーロッパを超えた新しい次元がはっきり広がってきたのだ。

この困難な過渡期に、在位期間が長い法王が続いたことも幸いした。ピウス九世に続くレオ一三世（一八七八〜一九〇三）は、六八歳で法王の座についたのにもかかわらず、二五年在職した。国家としての主権がない分、世俗の権力や政治の雑念から解放され、しかも世界中に広がる宗教の首長としては絶対権力を保証されているという立場のもとに、レオ一三世は自由主義的な視野を広げていった。

ローマ法王が国家の首長としての俗権力をまったく失い、しかし過去のように亡命したわけではなく、ともかくヴァティカン内部で宗教法人の長としては機能していた六〇年足らずの期間（一八七〇〜一九二九）というものは、実は非常に有意義なものだった。

もとより、これだけ長い間君臨してあらゆる堕落と改革と変遷を経てきた巨大宗教が、民主主義と科学主義の現代に有効に生き続けるのは至難の業だ。それを、この雌伏の期間に俗権力を放棄することで一種の贖罪を果たし、宗教にふさわしい清らかさを取り戻すことができた。さらに、高度な官僚機構としては、伝統を守って機能し続けることで国際的な信頼を得ることができた。その上、思い切って、実体のないヴァーチャルなネットワークを充実させて、広がる国際世界に向けてのメッセージの発信力を高めていった。聖職者が妻子を持たず、私生活や縁故に縛られないという原則も、宗教にふさわしい抽象の力を強めた。

長いヨーロッパの歴史の中でもまれた外交の実績やテクニックも武器となった。近代の一時期には過去の遺物であるかのような様相を呈したこともあるカトリック教会が、ひそかに、現代のネットワーク社会を先取りして力を蓄えていったのだ。

レオ一三世はこの難しい時代に出た人材だった。俗権力を持たないということで、かえって霊的な威信を高め各国にそれを認めさせた。一八八五年から八六年にかけて各国の反教権的な法律を次々に廃止させていった。各国間に紛争がある時に法王が中立的な仲裁者、調停者として立つという習慣も少しずつ打ち立てた。

科学的な精神も積極的に見せた。ヴァティカンの書庫を歴史学者に初めて開放して歴史の客観的真実を探らせた。「神は我々の嘘など必要としない」というのが法王の口癖だった。フランス、ベルギー、アメリカで次々とカトリック系大学が創立された。

財産権は尊重するが労働者を搾取してはならない、という回勅を出して社会問題にもコミットするようになった。自分の領土がなく自分の国内の問題がないだけに、世界中のモラルに口出しする余裕ができ、また受け入れられやすくなったのだ。

回勅とはもともと、教会のあつかう重要問題について法王が世界中の各司教を対象に送る回状だった。それが、全教会の司祭や信者にあてて送る公式書簡という意味を持つようになった。さらに、「すべての善意ある人々」にあてた法王の声明文という性格も与えられた。特に政治社会問題をあつかった社会回勅といわれるものは影響力が大きくなっていった。一八九一年のレオ一三世の『社会再建の回勅』、一九六三年ヨハネ二三世が世界平和と世界政治共同体の確立を訴えた『地上の平和』、一九六七年パウロ六世が南北問題についてコメントした『諸民族の進歩』などがよく知られている。

レオ一三世は外交の実績や科学主義の擁護や社会的な発言だけではなく、純然たる信仰の面でも活躍した。聖母マリア信仰とロザリオの祈りを称揚し、聖ヨセフの徳を称《たた》えて聖家族を敬した。一九〇〇年の聖年には人類をイエスの聖心臓（聖心、サクレ・クール）に奉献した。一見保守的な信仰を復活させたように見えるが、近代主義の波の中で多くのカトリック信者がむしろ懐古的信心に惹《ひ》かれるようになっていた事実を反映したものだった。

†主権の復活と戦争

ところがレオ一三世の後を継いだピウス一〇世（一九〇三～一四）は、前任者ほどの知力や外交力がなくイニシアティヴに欠けていた。ひたすら敬虔《けいけん》な信仰の人だった。そして、法王庁の機構は、法王が明確な信念を持って動かぬ限りは自然に保守反動に向かう体質を持っている。変化を嫌い過去に倣う自己防衛機構が発動するのだ。ピウス一〇世の時代には宗教文書の分析研究や合理主義やキリスト教諸派和解運動などが次々と弾劾されてしまった。折しもヨーロッパ情勢は紛糾し、平和を願うピウス一〇世の懸命の努力も空しく第一次世界大戦が始まってしまった。

ベネディクトゥス一五世（一九一四～二二）は、法王として初めて、自分の国を持たずに、したがって第三者の目で、眼下の戦争を眺めることになった。戦争は「ヨーロッパの自殺」だと法王は言った。「憎悪と復讐《ふくしゅう》の悲しい遺産を代々に伝えてはならない」などと正論を訴えたが、だれも耳を貸さず、それぞれ自分に正義があると信じて敵対している各国のカトリックから、疎まれる始末だった。

国際外交的には無力を露呈したものの、教会内の神学上の進歩派と保守派を和解させたり、第一ヴァティカン公会議で決まった新しい法規を公布施行したりするなど、宗教的にはそれなりの成果をもたらした。ヨーロッパ外への宣教活動もこの法王の時代に飛躍を見せている。

ヴァティカンの主権国としての復活は、次のピウス一一世（一九二二～三九）の在位中に成し遂げられた。ところがこのラテラノ条約（ラテラン条約）は大方の非難の的になった。ムッソリーニのファシスト党とローマ法王が手を組んだと見られたからだ。

ピウス一一世がこの時期に、ムッソリーニの提案を受け入れたのには複数の理由があった。

一八七〇年にピウス九世がイタリア政府の保障条約の提案を蹴《け》って自らヴァティカンに籠った時は、妥協を許さぬ潔い態度が法王権威のそれなりのアピールとなった。しかし半世紀以上を経過して、統一イタリアは根を下ろし、ローマ法王が独立領土を取り戻す見込みはまず失われている。その現実に立脚して、最も有利な条件で一応の政治的独立を確保することが望まれるようになっていたのだ。

また、第一次大戦後の社会不安にあったイタリアでは、社会主義が民衆の間に勢力を伸ばし始めていた。教会は、社会党とカトリック人民党とが結びつくのを恐れた。一九一七年のロシアの社会主義革命が宗教を弾圧していたせいもあって、教会は共産主義を最初から敵視した。すでに一九二四年にはカトリック労働組合を解散させたほどだ。ファシスト政権はとりあえず社会主義への盾になるということで、教会と当面の利害を共にできると見なされたのだ。

ラテラノ条約によって初めて法王は公式にイタリア国と首都ローマを認めた。法王はヴァティカンを独立国としてその首長となる。失った法王領の補償の一部として、イタリア政府は五パーセントの国債の形で一〇億リラを支払い、その他に七億五〇〇〇リラが支払われた。

このラテラノ条約は、ファシスト政権が失脚した第二次大戦後も、イタリア共産党の支持のもとに維持され、新憲法の中にまで明記されることになる。ピウス一一世の選択は歴史によって正当化されたと考えていいだろう。

この条約によって法王は、ともかく独立国のシンボルとしてぎりぎりの領土（四四ヘクタール）を確保した。ヴァティカン宮殿の窓から世界中のカトリックに向かってなされる祝福「urbi et orbi」（町と世界へ。町とはローマを指す）が復活した（一八七〇年までは聖木曜日と復活祭の祝福だけがサン・ピエトロ大聖堂でなされ、キリスト昇天祭はラテラノ大聖堂、聖母昇天祭は聖マリア大聖堂が使われていた）。実体のない国土において、メッセージの発信が今や最大の存在理由となっていた。

一九三一年二月、ラジオ・ヴァティカンが放送を開始した。最初に流れた法王のメッセージはラテン語だった。法王はローマから遠くの地で起こるさまざまな出来事に即時にコメントを寄せるようになったのだ。

回勅も出し続けた。文化から政治まで口を出した。アメリカの司教に向かっては、映画産業発展の正当さを認めて第七芸術として承認している。しかしモラルへの影響を顧慮して監督機関を設けるように要請した。

政治に関する回勅は影響力が大きく、政治的緊張を呼び起こした。一九三七年三月にナチス・ドイツの新異教主義を攻撃して出した回勅『強い遺憾の意をこめて《ミト・ブレンネルデル・ゾルゲ》』は、復活祭の前の日曜日にすべてのカトリック教会で読み上げられた。国家社会主義を批判して、ドイツの全人口の三分の一を占めるカトリック信者を擁護しようとしたものだ。二日後にはソ連共産主義を弾劾した。一九三八年九月にはフランス語で「キリストにより、キリストにおいて我々はアブラハムの霊的子孫である。キリスト教徒が反ユダヤ主義に加担するのは不可能だ、我々は霊的にユダヤ人なのだ」と言っている。

ピウス一一世の外交政策の基本には共産主義への恐怖があり、共産主義への盾となるようにと考えてファシスト政権と政教条約を結んだものの、ファシスト党がナチスと同盟を結ぶに至って、ついにファシストを弾劾する新しい回勅を用意した。ラテラノ条約の破棄も考えていたといわれる。しかし回勅が出る直前、一九三九年二月、法王は急死した。回勅が公になることを恐れたファシストかナチスの手先によって暗殺されたのだという噂が流れて、今にいたるまで語り継がれている事実は、法王の影響力の大きさを物語るものだろう。

†ピウス一二世と戦後

急死したピウス一一世の後を継いだピウス一二世（一九三九～五八）は今でも謎に

包まれた人物だ。第二次大戦と戦後の東西冷戦という難しい時代に在位した、謹厳で孤独なキャラクターだった。戦争中は中立を維持しようとして、ナチスのユダヤ人虐殺を知りながら沈黙した。彼の死後、一九六三年にドイツの劇作家ロルフ・ホホフートが『神の代理人』の中で法王がナチスの共犯であったと非難してから、ヨーロッパ中で論争が沸き起こった。ヴァティカンはこれに対して、法王は、ナチスの犯罪を公に弾劾することで犠牲者の運命をさらに悪化させるのは危険だと判断したのだと弁明した。

ナチスに対して沈黙したことへの苦渋があったのか、戦後のピウス一二世は禁欲的で超俗的なイメージをたたえていた。長身痩軀《そうく》で神秘的なカリスマ性を持った法王は、史上多くの人に深い印象を残した。しかも、テレビ放送の登場によってこの法王は、史上最も広く顔を知られる法王となった。一九五〇年の聖年には二五〇万人の巡礼者がヴァティカンを訪れた。法王は自分がカトリック世界というヴァーチャルな有機体の最高責任者であることを自覚せざるを得なかった。メディアによって法王とヴァティカンのスケールは確かに拡大しつつあった。

この法王はさまざまな予言を残している。予言は死後三〇年封印された後、一九八八年に出版された。死後三〇年の分の予言が当たっているので信頼に足るとされたからである。ピウス一二世は外向の人ではなく、政治家でもなく、より巫覡《ふげき》や預言者のようなタイプの宗教者だったのかもしれない。戦後のメディアに乗った最初の法王がこのようなタイプであったことは、ローマ・カトリックに超俗的で精神的なイメージを付与したという点では決してマイナスではなかった。

†第二ヴァティカン公会議

神秘的ではあるがクリーンだとはいえぬピウス一二世の重苦しい時代が終わって、人々は変化を期待した。しかし続くヨハネ二三世(一九五八～六三)はすでに七七歳の高齢で、とりあえずのつなぎとなるかと思われた。ところが、この法王はカトリック史における革命的な役割を果たすことになる。

ヨハネ二三世の最大の目標は善き牧者となることであった。貴族的で寡黙で暗いイメージだった前任者とはうって変わって、気さくな慈父のイメージをふりまいた。カトリックは史上初めて、教義の要塞《ようさい》ではなく、全人類に開かれた公共機関としてのイメージチェンジを遂げた。法王は初めて一人の対話者として、他のキリスト教徒や無信仰者にも積極的に話しかけた。気取らず愛されるキャラクターを生かして、多くの人の敬意を勝ち取り、カトリック史上最も人気ある法王になった。

一九六二年一〇月、第二ヴァティカン公会議が開かれた。全司教だけではなく、カトリック以外のキリスト教徒も大勢招かれた。三〇〇〇人以上の出席者に、この会議では弾劾することはやめて世界のかかえる問題との接点をさがしてほしい、と願った。亡くなる少し前に、全世界に向けて、現代では戦争はもう正義の手段として正当化できないこと、平和の実現には宗教の別なく善意あるすべての人々の協力が必要である、との回勅を出した。

一九六三年の六月三日、ローマには雨が降っていた。死に瀕《ひん》したヨハネ二三世の部屋の明かりをあおいで、多くの人々がサン・ピエトロ広場に集まって跪《ひざまず》いて祈った。死が発表された時は、人々がローマの通りを号泣して歩いた。希望とオプティミズムのシンボルだった法王は、五年という在位の短さゆえに、そのポジティヴなイメージを全うし得た。

†ハムレット法王

続くパウロ六世（一九六三〜七八）はハムレットと言われたことがあったほど迷いが多かった。博《ひろ》く高い教養を持つ知識人で、長い間ピウス一二世の顧問でもあった。ヨハネ二三世の始めた第二ヴァティカン公会議を無事終了させてカトリックの歴史に新風を吹き込んだが、六〇年代のオプティミズムにはついていけず、冒険を避けてしばしば保守的な態度をとった。公会議での採択事項は過半数でなくほとんど全員一致の採決を得た。しかしそれは逆に、多くのことが原則の承認どまりであり、具体的な適用には解釈の余地を残したという事実を示してもいる。パウロ六世は行動のすべてにますます慎重な態度をとった。

しかし、一九六四年には歴代法王として初めてエルサレム巡礼を果たし、コンスタンティノープルの総主教と対面して公会議が標榜《ひょうぼう》した精神を示した。ギリシア正教の総主教アテナゴラス一世は、翌年ヴァティカンに法王を答礼訪問した。両者は、一〇五四年の東西教会分裂時に互いに宣言した破門を九〇〇年ぶりに取り消した。

一九六八年には法王の礼装を簡素化した。三重冠は売られて売上げは貧しい人々の救済に使われた。輿や六世紀から採用されているという大扇も廃止されて、ラテラノの記念館にしまわれた。扇はエジプトからきたといわれるもので、長い竿《さお》の上に金糸で刺繡《ししゅう》したビロードの扇を孔雀《くじゃく》と駝鳥《だちょう》の羽で飾り立てたものだった。

このような近代化や他宗派との和解の努力はしたものの、一九六七年には道具を使った避妊を禁止するなど、世間の趨勢《すうせい》に合わぬ回勅を出して、教会内をすら賛否両陣営に分けてしまった。

この後も、一般的にみて、ローマ法王の性やモラルに関する回勅は、世間から時代錯誤なものだとして非難されたり揶揄されたりすることが多くなるが、それも、法王の言葉がカトリックを超えて届いていること、人々の反応を十分引き出し続けていることを示している。ヨーロッパ世界のモラルの解放は、その都度ローマ法王の抵抗に出会い、それに反発するようにしてようやく獲得されたものも多い。それだけに、人々が少なくとも自問や熟考を重ねたという意味で、どの回勅も決して手応《てごた》えのないものではなかった。

†世紀末へ

一九七八年八月、パウロ六世の後を継いだ法王は、公会議を担った二人の前任者(ヨハネ二三世とパウロ六世)の偉大さを記念してヨハネ＝パウロ一世と名乗った(新法王は前者によって司教叙任され後者によって枢機卿に任命されていた)。カトリック史上初めての複合名である。学者であったパウロ六世に対して、労働者家庭の出身で謙虚な人柄であり、いつも控えめな笑みをたたえたこの法王は、わずか三三日の在位の後、ヴァティカンの私室のベッドで就寝中に息を引き取った。心筋梗塞《こうそく》だと発表された。ヴァティカ折しも、ヴァティカンも関与するとされた金融スキャンダルがあった。

ン内のフリーメイスン支部が暗躍しているという噂も流れていた。公会議による近代化に反対するカトリック原理主義者の態度も硬化していた。避妊問題、聖職者の召命不足、司祭の結婚、南米で革命運動と接近した解放の神学の問題など、カトリック内部を保守派と改革派に二分するさまざまな問題も山積していた。

ピウス一一世の死の時のように、まことしやかに法王の毒殺説が流れた。それには確かな根拠はなかったが、二人の法王が続けて死ぬという事態に、カトリックだけではない全キリスト教世界が衝撃を受けて不安と不吉を感じたことの表れであった。西洋の世紀末はこの時にスタートしたといえるだろう。

多くの人が不安の中に奇跡を期待した。そして、カトリック教会は、思いがけない新しいページを開くことになるのだ。

第四章　ヨハネ＝パウロ二世と歴史の激動

ボストン、ローガン国際空港で大地にキスをして立ち上がるヨハネ＝パウロ2世

†ポーランド人法王の誕生

東ヨーロッパの共産主義諸国が内部から崩壊していった一九八〇年代はまだ我々の記憶に新しい。その崩壊の最初の一角がポーランドであったこともよく知られている。そして、西ヨーロッパの人間は、ポーランドが純粋なカトリック国であったからこそ心情的には常に西ヨーロッパ側に属していたのだという意識を持っている。

西ヨーロッパがローマ・カトリックと二人三脚で歴史を築いてきたこと、ポーランドがカトリック国であったこと、そして、一九七八年に初めてのポーランド人法王が誕生したこと、この三点は、実はソヴィエト共産主義の終焉《しゅうえん》を導いた最大の原動力であった。

一九七八年一〇月一六日、クラクフの大司教で枢機卿《すうききょう》であるカロル・ヴォイティワ(Karol Wojtyla)が二六四代目のローマ法王に選出されたというニュースは、たちまちポーランド中に広まり、人々は興奮の坩堝《るつぼ》に投げ込まれた。ナチスによる占領、ソ連による占領、絶え間ない敗北と屈辱の歴史の重みが国中をおおって、人々が希望を失いかけていた頃、ソ連の威光はアメリカのそれと共に永遠に続く与件であるかのように思われていた頃である。

ローマではその年の夏に、人気のある法王だったパウロ六世が世を去り、ヴェネツィアの大司教が新法王に選ばれたばかりだった。たった一月で新法王が世を去り、その後に四五〇年ぶりの外国人法王が誕生しようとはだれも予想していなかった（最後の外国人法王はオランダ出身のハドリアヌス六世、一五二二〜二三）。ましてやポーランド人法王とはだれが想像し得ただろう。

共産党政権に管理されたメディアは、このことの政治的意味を測りかねて、簡単な速報を流しただけだった。しかし、ワルシャワのすべての教会の鐘が鳴り響いた。復活祭とクリスマスと独立記念日が一度に来たような騒ぎになった。人々は教会につめかけて大蠟燭《ろうそく》をそなえ、祈った。

共産党政権の国防相だったヤルゼルスキにとってクラクフ大司教ヴォイティワはすでにやっかいな存在として知られていた。公の説教でマルクス・レーニン主義の正当性を何度も否定していたからだ。彼はすでに精神的レジスタンスの中心人物だった。

†共産主義とカトリック

共産国は一般に既成宗教を民衆の阿片とみなして圧殺し、代わりに共産主義そのものを宗教化した。多くのスラヴ人は東方正教会の信者だったが、政府が管理できる国家宗教化することで去勢されていた。その点、西側世界のローマ法王という首長を戴《いただ》いて高度にネットワーク化しているカトリック信者は、共産国ではもっとやっかいな存在だった。カトリックはしばしばヨーロッパの西側世界と同義であり、資本主義とも同義だった。

実際、伝統的に、東方教会は政治的に穏健なことが多かった。正教徒は天上の美をこの世に再現することを重んじていて修道士は瞑想《めいそう》を好んだ。正教会の修道士にとっては世俗の活動は天国の美の賛歌を妨げる行為でもある。それに引き換えカトリックはいつも世俗権力と拮抗《きっこう》していたし、修道士は教育や啓蒙《けいもう》活動に熱心で積極的な社会的参加を旨としていたので、共産主義国家にとってはより不穏な存在である。

旧ユーゴスラヴィアでも、チトーがカトリックの大司教ステピナッツと会談して、ヴァティカンと別れてユーゴスラヴィア独自のカトリック教会をつくるようにと要請したことがある。そうすればユーゴスラヴィアの正教会と同様、共産主義政権に従順な存在となるからだ。ステピナッツは拒否し、一九四六年に逮捕された。

東ヨーロッパには、ユーゴスラヴィアにも、バルカン半島にもカトリック教徒がいた。ハンガリーやポーランドではカトリックが圧倒的に多かった。ソ連内にも、ベラルーシ、リトアニア、ウクライナのようなカトリック優勢のところがあり、カトリック教徒はローマにつながっていることで、広い意味でのヨーロッパとアイデンティティを共有していた。それに対して本来ラテン系民族であるルーマニア人は、九世紀に東方教会の影響下に入ったので、他のラテン世界との心理的な結びつきを失っていた。
ポーランドの共産主義政権は、だから、ポーランド人法王の誕生がはらむただならぬリスクを予感した。しかし、カトリック一〇〇〇年の歴史のある国から、初めて世界のカトリックの頂点に立つ法王が出現したことは、共産主義者であろうとなかろうとすべてのポーランド人のナショナリズムを刺激せずにはおかなかった。

†カロル・ヴォイティワ

カロル・ヴォイティワは一九二〇年にクラクフから南へ三〇キロほど離れた町で生まれた。アウシュヴィッツから二〇キロである。町は比較的豊かで、八〇〇〇人のカトリック信者と二〇〇〇人のユダヤ人が住んでいたが、反ユダヤ主義はなく共存していた。母はリトアニア出身で、父は引退士官だった。八歳の時に母が亡くなった。一二歳の時、一四歳年上の医学生だった兄が猩紅熱《しょうこうねつ》で死んだ。カロル少年は父と暮らした。カトリック系ではない公立学校に通ったが中学高校時代から記憶力抜群の優等生だった。ハンサムで美声を持ち、芝居好きで演技力もあった。女生徒にも人気があった。登山好きのスポーツマンでもあった。

大学二年の時、ナチスがポーランドを占領した。多くの大学人が収容所へ送られた。ヴォイティワはレジスタンス運動に関わり、隠れて演劇活動を続けた。強制労働で採石工として働いていた時にティラノフスキという神父と知り合って宗教の道に目覚めた。二〇歳で父を失って天涯孤独の身となった。二四歳で、ナチスに追われつつ神学生となった。

戦後、一九四六年、二六歳で神父になった。ローマに行き、二八歳まで勉学を続けた。山歩きやスポーツもやめなかった。一九五一年には神学専門になり、一般の司祭任務を免除された。インテリのエリートだったわけだ。三八歳の時、ヴィシンスキ枢機卿によってクラクフの副司教に任命された。四〇代で第二ヴァティカン公会議に出席した。一九六七年、四七歳でパウロ六世によって枢機卿に任命された。

祖国では、宗教儀礼の行列を町で行うための許可を求めて共産党と交渉した。無神論の労働者が多数を占める町に教会を建てる権利を勝ち取り、建設予定地の礎石に自ら十字架を打ったこともある。演劇で鍛えた朗々とした演説や説得力あるジェスチャーのおかげでヴォイティワは有能な説教者として認められていった。パウロ六世が病気の時、ヴァティカンに呼ばれて復活祭前の四旬節の連続説教の代行を依頼されたこともある。

一九七八年、パウロ六世の死後法王になったヨハネ＝パウロ一世がわずか三三日後に死んだ後、一一一名の枢機卿は圧倒的多数で五八歳のヴォイティワを新法王に選出した。サン・ピエトロ広場を埋める人々の前で、新法王の名が発表された。「ヴォイティワ」という名が発音された時、人々はよく理解できず、アフリカ人かもしれないと言い合った。ヴォイティワが姿を現して、スラヴ人らしい顔に笑みをたたえてイタリア語でゆっくりと挨拶《あいさつ》した時、人々は驚き、魅了された。

すべての枢機卿が新法王の前に出て、法王の指輪に接吻《せっぷん》して忠誠を誓う恒例の儀式が執り行われた。二〇年前に自分を副司教に抜擢《ばってき》してくれたポーランドのヴィシンスキが進み出て跪《ひざまず》いた時、ヨハネ＝パウロ二世になったヴォイティワは、枢機卿を差し止めて抱き抱えた。

†ポーランドへ

ヨハネ＝パウロ二世は若く精力的で、在位の最初から、法王として世界中のいろいろな国を訪れることを自分に課した。最初の公式訪問はメキシコだった。ラテンアメリカは民主主義と軍事独裁が、資本主義とマルキシズムがせめぎあう、冷戦下の政治的な重要地域であり、二一世紀のカトリックの中心となるべき地域でもあった。法王は熱狂的に迎えられた。彼は多国籍企業のトップ並のスケジュールで世界を駆け回り、地球という惑星を病から癒《いや》すためにキリストの名で遣わされた者であるかのように語った。

一九七九年の訪問国候補として早くもポーランドの名があげられた。ソ連のブレジネフは胸中穏やかではなかった。同年一月、すでにグロムイコ外相がヴァティカンに法王を訪ねて協力関係を申し出ていた。法王は、カトリック教会は世界の平和のために動く、と答えた。グロムイコは法王のがっしりした逞《たくま》しい肉体に虚を突かれた。ヨハネ＝パウロ二世は、髭《ひげ》を剃《そ》っている写真を公開された最初の法王だ。精神だけでなく肉体からもカリスマ性が放たれていた。

法王は人々の信教の自由は保障されなければならないと力説し、グロムイコは、ソ連では宗教については何の問題も起きていないといってのけた。しかし法王は、ソ連で宗教をもっている人間が、党の役職はおろか教職にも軍の要職にもつけないことをよく知っていた。

ブレジネフはポーランドの共産党書記長に法王の訪問を拒否するように要請したが、不可能だった。

とうとう法王はポーランドにやってきて、アウシュヴィッツを訪れた。アウシュヴィッツは、カトリックの聖人コルベ神父が他の囚人の身代わりとなって飢餓室に入れられて死んだ場所でもある。ポーランド人の法王はもう何度もアウシュヴィッツに来ていたが、法王として初めてこの地で人類の犯した大きな誤りを悔いた。

ポーランドのカトリックにも反ユダヤ主義の歴史があったこと、一人の神父を殉教と人類愛の聖人にすることでユダヤ人の犠牲を曖昧《あいまい》にすることなどへの批判の声も一部にはあった。しかし法王が、ユダヤ民族は「我々（キリスト教徒）の信仰の父であるアブラハムに起源を持つ」と言い、「神より『殺すなかれ』の戒律を受けたまさにその民族が、例外的な規模で殺すという言葉の意味するところを身をもって生きた。何人《なんぴと》といえどもこの戒律の前に無関心でいることは許されない」と言った時には、惜しみない拍手が沸き起こった。

クラクフでは群衆の熱狂が懸念されたが、半年前の法王選出のニュースの時に舞い上がった民衆は、故国を訪れた法王を整然と迎えた。社会主義国では考えられない一〇〇万人という数を超えて集まった民衆を前にして、法王は「冷戦は永遠に続くわけではない、やがて聖霊がやってきて事態を解放するだろう」と述べた。

†アメリカと法王

アメリカ合衆国のレーガン大統領はこの法王が世界を変えるのを助けてくれるという深く確固とした信念をもっていたという。当時の国防顧問であったリチャード・アレンは、レーガンとヴァティカンの関係は歴史上最も重要な秘密連盟であると考えていた。

ひとつの事が成就するときは、まことにいくつもの幸運な偶然が重なるものだ。

フィラデルフィアのクロル枢機卿は、法王と同期に枢機卿に任命されたポーランド出身のアメリカ人だ。二人は司教として出席した第二ヴァティカン公会議でも親しくなっていた。枢機卿だった頃のヴォイティワは、わざわざアメリカのクロルの教区に行って友情に満ちたスピーチをしたこともある。クロルも大柄なスポーツマンであり、二人はポーランド語で歌ったり冗談を言い合ったりするのが好きだった。そしてレーガンとクロルもまた深い友情で結ばれていた。

アメリカではカトリックのケネディ大統領の当選以来、カトリックの政治的、社会的立場は認められつつあったが、まだ政府主要部にはプロテスタントの人間が多かった。大統領たちは、自分の信仰は隠さないが自分の宗派を政治に持ち込まぬように気遣っていた。

レーガンはアイルランド系のカトリックの父とプロテスタントの母の間に生まれている。そしてカトリックの人々への親愛感を隠さなかった。しかも、一九八一年一月に彼が政権を把握したとき、政府の首脳部には例外的にカトリック信者が集まっていた。

すでに前任者カーター時代の国防顧問は、ポーランド系のカトリックであるブルゼズィンスキであり、法王とコンタクトを取っていた。一九七六年、大学教授であったブルゼズィンスキは、クラクフの大司教だった頃の法王がハーヴァード大学で講演するのを聴いて感銘を受けたことがある。法王との親交はそれ以来だった。

しかも当時のアメリカ在住ヴァティカン大使は、同じ東欧のチェコ司教のトムコであった。一九八〇年にはカーターはブルゼズィンスキとトムコを通じて、東欧やウクライナなどに向けて反共の書物を密《ひそ》かに送り始めた。一九八一年六月、カーターはヴァティカンに赴いて、東側の経済的、政治的、宗教的自由を守るプロパガンダ作戦について同意しあった。

カーターの後、レーガンはカトリックの票を多く集めて当選した。国防顧問はカトリックのリチャード・アレン、CIA長官はやはり敬虔《けいけん》なカトリックのウィリアム・カセイだった。国務長官アレクサンドル・ヘイグは兄弟の一人が司祭になっていた。

自らも聖職者志望だったことがあるウィリアム・クラーク判事や大統領特別使節のヴァーノン・ウォータース将軍もカトリック信者で、みな、信奉するカトリック教会の中に反共主義の拠点を見いだしていた。

かつてカトリックのケネディが宗教的なコメントを避けてきたこととは対照的に、彼らはマルクス・レーニン主義が霊的な悪を体現しているという神学的見解すらを共有してはばからなかった。このような偶然の上に、やがてレーガンと法王の出会いが訪れることになる。

†「連帯」

一九八〇年の七月、給料の凍結、物価の上昇、物資不足にあえぐポーランドで、鉄道ストが起こり、またたく間に国中の工場に広まった。東ドイツに常駐する五〇万人のソ連軍にとってはポーランドの鉄道は幹線である。国内の緊張は高まった。

八月一四日、レフ・ワレサによって導かれた労働者たちが海軍造船所を占拠した。翌日、ローマ法王は同国人である第一秘書をポーランドに派遣した。聖母マリア昇天の祝日だった。

それまで軍事的に制圧されてきたストにおいては、労働者は大きな組織力を持っていなかったが、今回は違った。知識人と労働者と教会の三つがしっかりと手を組んでいた。

政府は昇給を約束したが、ワレサは労働組合の自由化と政治犯の解放などを条件に挙げて立てこもり続けた。労働者が共産主義に反旗をひるがえしたのだ。法王は、ワレサは神から遣わされたのだと言った。ワレサと仲間たちが祈っている姿がヴァティカンのテレビにも映し出された。ワレサの襟元にはチェンストホヴァの黒い聖母のメダルがとめてあった。工場内のミサの背景に、軍旗のように高々と掲げられた黒い聖母の写真と法王の肖像が並んで見えていた。

八月二〇日、ヴァティカンにやってきたポーランドの巡礼団を前にした法王は、「神よ、宗教が自由を得て我らの国に安全が訪れることをマリアを通して我らにお与えください。神よ、この民族を助け、すべての悪とすべての危険からいつまでもお守りください」と短い祈りを口にした。法王はポーランドのストに祝福を与えた。ポーランドの司教たちはワレサ他一四名のストの組織者に法王の肖像入りのメダルを差し入れた。「連帯」が生まれようとしていた。

法王がすでにソ連に介入自粛を求める手紙を送ったと信じて疑わぬ人々も大勢いた。それは西側諸国の牽制《けんせい》や圧力よりも、効き目があるように思われた。

労働者との交渉に挫折《ざせつ》した政府は、ついにポーランドの枢機卿ヴィシンスキに助けを求めた。ヴィシンスキは軍事力を介入させないことを条件に調停役を引き受けて、労働者たちに社会的な責任をふりかえって反省せよと呼びかけた。ワレサは耳を貸さなかった。法王も半端な調停を望んでいなかった。司教たちを教唆して、労働者たちは自由に（共産党から）独立した労働運動を組織する権利がある、と宣言させた。政府は折れた。

ソ連の代表がヴァティカンの代表に会見を求めてきた。緊張緩和のために「連帯」の要求事項を緩和させてほしいと要請し、もし「連帯」の動きがソ連に重大なリスクを与えるなら軍事介入する用意があることが申し渡された。

一九八〇年の秋、ワレサはすでに国民の英雄的存在になっていた。「連帯」にはカトリックばかりではなく、ユダヤ人も無神論者も共産党員も含まれていた。しかしシンボルの黒い聖母とポーランド人法王はナショナリズムのシンボルとして広く受け入れられた。

国境ではソ連軍が侵入の命令を待っていた。ブレジネフはポーランドが「反革命」の状態にあると見なした。

翌一九八一年の一月、ワレサはヴァティカンに向けて出発した。ソ連共産党はイタリア共産党に連絡を取ってワレサと法王の会談を中止させようとした。しかし時の勢いは止められなかった。ローマについたワレサ一行は、イタリア共産党員にすら熱狂的に迎えられた。法王のミサにあずかり、会談を果たしたワレサは、「息子が父に会いに来たのだ」と語った。法王は、外交的なレトリックを駆使して、ソ連を直接刺激することなく、しかしはっきりとポーランドの労働者たちの権利を擁護することを宣言した。

法王に謁見するワレサ
（写真提供：UPI＝共同）

†レーガンの狙撃

ワレサ一行がヴァティカンにやってきたすぐ後で、アメリカではレーガン政権が発足した。レーガンは当然ポーランド情勢に注目し、カトリックであり法王とも親交のある政府の要人を通じて法王と緊密に連携することを決心した。単にソ連の軍事介入を阻止するだけでなく、情報操作によってポーランドを一気に民主化させて、共産圏の一角を崩す機会が到来したと見たのだ。それには「連帯」に大きな影響力を持つ法王の助けが必要だった。

一九八一年の二月二三日、法王はブレジネフに、ポーランドの主権と「連帯」の権利を尊重するようにという手紙を送った。もしソ連の戦車がポーランドに侵入すれば法王は自ら戦車と自国民の間に立ちはだかるつもりだ、と言ったという噂まで広がった。三月二七日には、ポーランドの何千万人もの労働者がゼネストを繰り広げた。緊張は高まった。二八日にソ連の代表が法王に会見を求めた。法王がこれ以上のストを止めてくれるなら少なくとも半年は軍事介入をしないという妥協案が出された。法王は合意して、労働者たちに今は国の経済を優先して働くように呼びかけた。

三月三〇日にレーガンが、リムジンに乗り込もうとしたところを狙撃《そげき》された。肺に入った弾丸は心臓から二センチと離れていないところでとまった。レーガンは奇跡的に助かった。ヴァティカンでこのニュースを聞いた法王は、その場ですぐにレーガンのために祈った。

四月三日、KGBのトップであるアンドロポフと国防大臣ユスチノフが隠密にポーランドにやってきた。東欧一脆弱《ぜいじゃく》なポーランド共産党が西欧一強大なカトリック教会に呑《の》み込まれつつあることを批判しにきたのだった。二月にソ連によって任命されたヤルゼルスキ首相は、戒厳令を布《し》くようにと要請された。

CIA長官のカセイはイエズス会の教育を受けている。毎日ミサに出る熱心なカトリックで聖母を信心していた。大学もカトリックの名門フォーダムで、聖母の連禱《れんとう》についての講演をしたこともある。妻のソフィアは聖母像の収集をしていた。カセイの反共思想は、同じくカトリックだったジョゼフ・マッカーシーへの傾倒によって培われた。カセイは当然のように法王とレーガン大統領の主なパイプ役を務めることになった。偽装した軍用機が何度もヴァティカンを訪れた。法王は一人の信者としても法王に個人的な相談事をもちかけていたという。法王は薄い青の目でカセイをまっすぐ見つめて通訳なしでゆっくりと話し、柔らかく洗練された言葉で真摯《しんし》に語った。法王はカセイを祝福した。

法王はポーランド政府がソ連の圧力に屈して「連帯」の運動をつぶしにかかるだろ

うと予測した。ＣＩＡはポーランドとソ連の軍事力の分析をしていたが、ポーランド人の心情の襞《ひだ》やソ連政府の微妙なテンションをつかむのには法王の情報網が卓越していた。

しかしＣＩＡは法王の知らなかった情報をもたらした。ワレサがローマへ来たとき接触したイタリア労働組合連合のルイジ・スクリチオロは、ブルガリア共産党政府のスパイであるというのだ。スクリチオロは「連帯」の組織作りにも協力し、物資の支援もしていた。ヴァティカンにいる法王の身も決して安全ではない。

†法王狙撃さる

五月一三日水曜の午後、レーガンの狙撃から一月半後、法王は五時に始まる一般信者の謁見のためにサン・ピエトロ広場を横切ろうとしていた。広場に集まっている群衆に挨拶するためにオープンカーはゆっくり広場を回った。突然銃声がして、広場の鳩がいっせいに舞い上がった。

六メートルの距離から発射されたブローニング九ミリ自動拳銃《けんじゅう》の弾丸は二発法王に命中した。直後、侍従にもたれかかった法王の白い僧服には血の跡が見えなかった。秘書が後ろから支えた。「どこですか？」「腹だ」「痛いですか？」「ああ」と短い言葉がかわされた後、救急車に運ばれてから法王は「マリア、私の母、マリア、私の母」と唱え続けた。

八分後に病院に運び込まれた。血圧は下がり脈が弱った。弾は腹と右肘《ひじ》と左手の指を傷つけていた。六〇パーセント以上の血が内出血で失われていた。手術の前に、臨終者のための終油の秘《ひ》蹟《せき》が急いで執り行われた。手術は五時間続き、腸が二二センチ摘出され腹腔《ふくくう》が洗われ、結腸瘻《けっちょうろう》造設術が施された。法王の口に呼吸管を差し込んだ麻酔医師は法王の歯を一本折ってしまった。

三日後にはクラクフで三〇〇〇人が法王の回復を祈る戸外ミサに参加した。

法王は一命をとりとめた。直径九ミリの弾丸が大動脈から数ミリのところでとまっていた。発射された弾丸に聖母が手を添えて弾道を変えてくれたのだと後に法王は確信した。テロのあった五月一三日が、ポルトガルのファティマの聖母が子供たちの前に最初に姿を現した記念日だったからだ。

リスボンの北にあるファティマで、一九一七年に三人の羊飼いの子供たちの前に六度にわたって聖母が現れて予言を残したという話は有名だった。その予言の一つは、「ロシアはその過ちを世界中に広げた後で改心するであろう」というものだった。ファティマは世界的に有名な巡礼地となっている。やはり有名な聖母の巡礼地チェンストホヴァを持つポーランド人の法王はもともと聖母信仰が篤《あつ》かった。第二ヴァティカン公会議以来、プロテスタント諸派に無用な刺激を与える中世的な聖母信仰を自己規制していたカトリック教会であったが、テロからの奇跡の生還は聖母の加護の何よりの証明のように思われた。法王は聖母への感謝を隠さず、世界の平和を聖母に託した。法王の腹筋を切り裂いた弾丸は、ポルトガルに運ばれ、法王自らの手でファティマの聖母像の冠に差し込まれた。穴を穿《うが》たれた布バンドは、故国の聖地チェンストホヴァの黒い聖母に捧《ささ》げられた。

狙撃直後に逮捕されたメフメト・アリ・アジャはトルコ人テロリストだった。一九七九年の一一月に、トルコ訪問中の法王を殺すと公言していた男だ。アジャは単独犯であると自白した。一月にはワレサの命も狙っていたという。背後にはやはりブルガリアの諜報《ちょうほう》局が関わっているとされたが、アジャ自身もすべての背後関係を知らされてはいなかった。「連帯」のシンボルである法王を抹殺しようとしたソ連の影が見え隠れしたが、法王は関心を持たなかった。すべては悪魔の仕業であったからだ。

四日後の日曜日にもう、法王は病床からコメントを発表して狙撃者を赦《ゆる》した。同じ日に、インディアナのカトリック大学で免状授与に立ち会ったレーガン大統領は「西洋は共産主義をせき止めないだろうが共産主義を越えるであろう。それはその最後のページが書かれようとしている、人類の歴史の不思議な悲しい章として脇にやられるであろう」とコメントした。さらに、「昨年の慈悲と正義に関する回勅の中で法王ヨハネ＝パウロ二世は、階級闘争の名のもとに不正を正当化するこの経済理論に対して我々に警告を発した。我々の隣人は破壊され、殺され、自由を奪われたり基本的な権利を取り上げられたりしているのだ。西洋にとって、アメリカにとって、我々の文明化した考え、我々の伝統、我々の価値観は（全体主義のイデオロギーとは違って）権力の単なるうわべの顔ではないのだということを世界中に示す時が来た」と語ったレーガンはまるで宗教者のようだった。レーガンにも、法王と同様に、若い頃に芝居で鍛えた表現力があったのはいうまでもない。

　アジャは七月二二日に終身刑を言い渡された。一九八三年の一二月、法王が面会に来て二〇分話し合い、アジャはその後のインタヴューに答えて「法王はすべてを知っている」と言った。法王はアジャに宗教上の赦しを言い渡し、世界中がそれを見て、ソ連はますます孤立した。

†戒厳令

一九八一年一二月一二日にポーランド政府はついに戒厳令を発令した。折しも「連帯」は五日後に大々的なデモを予定していたところである。戒厳令を発表するヤルゼルスキの声明は、ショパンのポロネーズの演奏と代わる代わる何度も繰り返して放送された。

一一月以来、ヴァティカンにはアメリカのウォータース将軍がレーガンの特別使節として詰めていた。ウォータースも熱心なカトリックだ。同じ月にアメリカの有力なスパイであったポーランド人将軍が危機を感じて亡命したばかりで情報が途絶えており、アメリカはヴァティカンとの緊密な連携をより必要としていた。レーガンと法王は共にテロリストに狙撃され、共に回復を祈りあってから、いっそう堅い絆で結び合わされていた。アメリカは「連帯」に資金や物資や情報を提供していた。指導者は次々戒厳令のもとで、軍隊は蜂起した労働者を殺したり傷つけたりした。指導者は次々と逮捕され、「連帯」は以後五年間地下に潜ることになる。ヴィシンスキが病死した後ポーランド教会の長になったグレムプは、人命が大切だから戒厳令を受け入れよという形の消極的なコメントを発表した。

法王の反応は違った。「連帯」の指導者たちが表舞台から姿を消した今、法王は自らポーランド解放のリーダーであることを宣言せねばならない。法王はヤルゼルスキに手紙を書いた。一二月一五日のことだ。手紙の中で法王は、教会は故国の代弁者であると言い切った。戒厳令を弾劾し、平和的な話し合いの道を開く社会改革は困難な道ではあるが不可能ではない、と強調した。目前に迫るクリスマスは、長い年月にわたってポーランド人が一つに結びつく日であることを喚起し、ヤルゼルスキの良心に訴えた。愛国心を刺激され、ヤルゼルスキは、モスクワの意を汲《く》むか教会の意を汲むかの選択を迫られた。法王は彼がいつかは教会に救いを求めてくることを信じた。

手紙は一二月一八日付けで発信され、コピーが世界中のしかるべき国の首長に送られた。ポーランドの教会にも、自宅軟禁されているワレサのところにも届けられた。

明けて一九八二年は法王と祖国にとって重要な年だった。チェンストホヴァの黒い聖母の六〇〇年記念大祭である。六〇〇年前の一三八二年の八月、ポーランド王ラディスラスがチェンストホヴァの丘の上に修道院を建てて聖母マリアの聖画を寄進した。

黒い聖母の描かれたこのイコンは伝説に彩られている。聖母とイエスの聖家族が食事したテーブルの板の上に福音書作者の聖ルカが描いたもので、コンスタンティヌス帝によってエルサレムからコンスタンティノープルに持ち出され、やがてロシアに渡ったというものだ。ハンガリー王の甥《おい》としてロシアに駐在していたポーランド王がそれを持ち帰ろうとしたら馬車が動かなかったので、彼はイコンを安置するために修道《ヤスナ・》院《グーラ》と教会を建てるという願をかけたのだという。

チェンストホヴァの聖母は民衆に数々の恵みを与えてポーランドの守護聖女となった。一五世紀にはすでにハンガリーやプロイセンからも巡礼者が跡をたたず、今でも毎年何十万人もの巡礼者を集めている。ポーランド人の信仰の原点であるのはいうまでもない。一月一日の演説で、法王はチェンストホヴァの聖母の名にかけて、ポーランドの平和を祈った。

†再びポーランドへ

戒厳令以来、西側諸国はソ連とポーランドに対して経済封鎖政策をとっていた。民衆はインフレと物資不足に苦しみ、生活条件は最悪となった。法王は戒厳令を弾劾し続け、ラジオ・ヴァティカンで故国に流した。

一九八二年六月七日、レーガンがヴァティカンにやってきた。通訳なしの五〇分の会談で、大統領と法王は、ソ連共産帝国の終焉が戦略的にではなくて霊的に避けがたいことであると確認した。「連帯」は、堅牢《けんろう》無比に思われた鉄のカーテンに初めて現れた亀裂《きれつ》だった。ポーランド人法王の登場は天の配剤のようだった。アメリカは、「連帯」の地下運動を物質的に支援し続け（出版活動の援助を中心に五〇〇〇万ドルが投下された）、法王は精神的に支え続けた。共に狙撃され共に神によって救われた二人は、東欧の運命を変える使命感のもとに新たに結束した。レーガンはインテリではなく、教会にはほとんど行かなかったが奇跡や信心に心が動かされやすかった。法王は最高級のインテリで、膨大なローマ・カトリックの長だった。二人は宗教の力と自分の権力とを測り、思いをめぐらせた。ヨーロッパはキリスト教の名において一つであるべきで、ロシアもキリスト教国であった。ヤルタ協定による東西ヨーロッパの分裂は人為的なものに過ぎない。キリスト教には二〇〇〇年の知恵があるはずだった。

レーガンは翌日ロンドンで、ソ連の崩壊は近いと語り、ポーランドの労働者は戒厳令下にあっても圧力に屈しないだろうと語った。ソ連とポーランドに対する経済制裁が効を奏しただけではない。法王は後に「木はすでに腐っていた。自分は揺らしただけで、傷んだ林檎《りんご》が落ちてきたのだ」と表現した。

一九八三年六月一六日、法王は法王として再び故国の土を踏んだ。ポーランドは戒厳令下にあって軍隊に統制されていた。しかし、労働運動が完全に地下に潜っていたのに引き換え、カトリック教会はむしろ一種の繁栄を見せていた。だからこそ法王の訪問も可能だったのだ。

「連帯」が表舞台から消えた後、カトリック教会は唯一の国民の絆となっていた。だから軍事政権は一種のごまかしと緊張緩和のためにカトリック教会に便宜を図ったのだ。神学校が創設され、新しい教会が建てられ、メディアでも公式に発言できるようになっていた。ひいては法王へのおもねりであり、カトリック教会がこの機会を生かして、反共を叫ばずに宣教だけに専心してくれればいいという期待を持った取引だったのだ。実際ポーランド教会は軍事政権に対して穏健な態度をとっていた。そこにいよいよヴァティカンからトップが乗り込んでくる。ヤルゼルスキはやはり緊張した。

法王は変わっていなかった。ヤルゼルスキに向かって基本的人権の回復を強く訴えた。戒厳令よりも「連帯」を解散させたことの方が重大だとも言った。法王の行く先々に集まってくる群衆の中には「連帯」の旗の赤文字が揺れた。法王は公のスピーチの中で固有名詞の「連帯」については触れないようにと政府から要請されていたが、普通名詞として「連帯」という言葉が発せられる度に歓声が沸き起こった。チェンストホヴァの聖母の修道院前の平野で、一〇〇万人の民衆を前にした法王は、ポーランド国民に希望を捨てさせないでください、と黒い聖母に祈った。法王が、二年前の狙撃で弾丸に貫かれた帯を聖母に捧げた時、一〇〇万人の目は釘付《くぎづ》けになった。人々は「私たちと一緒に残ってください」と法王に連呼した。

法王は、一九世紀にポーランドの独立を求めてロシアとの戦いに敗れた二人の司祭を福者の列に加えた。祖国のための英雄的な働きを声を大にして褒めたたえた。コルべ神父に奉献する教会も大々的に祝別した。カトリック教会は人心を煽《あお》る大道具小道具に事欠かない。法王はまさに主役だった。過去の演劇青年の腕の見せ所でもある。人々は酔った。「連帯は戦い、そして勝つ」と書かれた垂れ幕を先頭に、何万人もが「法王が我らと共にいる、法王が我らと共にいる、教会は我らと共にある、神が我らと共にいる、ワレサなしに自由はない、ワレサを解放せよ」と言いながら行進した。

法王はワレサとも会見した。一週間の滞在の最後の日だった。ワレサは後にこの時の法王との会見を回想して、「団結と簡素な雰囲気と法王の大きな足」を思い出すと書いている。その四カ月後の一九八三年一〇月五日、ワレサはノーベル平和賞を受賞した。

西欧の労働組合やCIAやカトリック教会からの支援物資は、地下に潜った「連帯」の闘士たちとその家族を支えていた。CIAは「連帯」のためのラジオ電波も提供していた。カトリック教会やヴァティカンに実質的な領土や国民がなくても、ネットワークとして存在していることでヴァーチャルな有機体が存続していけるのだという知恵が、「連帯」の存続にも役立ったのだ。有機体としてのカトリック教会を結びつける「聖霊」の役割を「連帯」のために果たしているのが、ほかならぬポーランド人法王のオーラであった。

ヤルゼルスキも、法王の前では一人のポーランド人として振る舞うようになりつつあった。法王がポーランドを去ってまもなく（七月）戒厳令が解かれたのは偶然ではない。

前年の一一月にブレジネフが死に、後を継いで書記長になったアンドロポフは、ヤルゼルスキに対して、ポーランドがカトリック教会に特権を与え過ぎたこと、そのせいで今やカトリック教会は社会主義に対する脅威となっており、ワレサ崇拝の温床となっていることを激しく非難した。だが一年半もたたぬうち、一九八四年の二月にアンドロポフも死んでしまった。後を継いだチェルネンコも一年後に死んだ。

一九八四年三月、法王はヴァティカンの居住部分にあるプライヴェート・チャペルに設置するために、ポルトガルのファティマから高さ一メートルの聖母像を取り寄せた。チャペルにはすでにポーランドの黒い聖母の複製がかかっている。受胎告知の祝日（三月二五日）の前夜、法王はファティマの聖母の前で祈り、ロシアと東欧を聖母に奉献すると誓った。それは一九一七年に出現したといわれる聖母の願いでもあった。聖母を見たという子供のたった一人の生き残りである修道女ルチアはこの知らせを聞いて満足した。

†勝利

一九八五年二月、ヴァティカンを訪れたグロムイコ外相は、法王に外交関係樹立の検討を申し入れた。チェルネンコの後に書記長となったゴルバチョフは四月にポーランドに行き、ヤルゼルスキと五時間にわたって語り合い、法王とヴァティカンが話題にのぼった。ヤルゼルスキはポーランドにおいてカトリック教会がどんなに大きな力を持っているかを力説した。カトリック教会によってポーランドが西側世界と歴史的にいかにつながっているか、東西をつなぐ橋となり得るかを強調した。ゴルバチョフは東西共存のための改革の可能性と、共産国における信教の自由の可能性を示唆した。ソ連の風が確実に変わったのを知ったヤルゼルスキは、ポーランド教会の首座大司教を通じてこのことを法王に伝えた。法王は、ロシア正教会と話し合う時期が来たことを確信した。

六月二日、法王は『スラヴ民族の使徒たち』と題する回勅を発表し、ロシア正教会との話し合いを目指した。東欧にキリスト教をもたらした聖人の一一〇〇年記念も同時に祝い、ローマ・カトリックと東方正教会とはヨーロッパが呼吸する二つの肺のようなものだと述べた。

一九八六年九月一三日、ポーランド政府は二二五人の政治犯を特赦した。「連帯」

はまだ合法化されなかったが、地下運動から再び歴史の表に出た。

一九八七年一月、ヤルゼルスキが初めてヴァティカンにやってきた。九〇分にわたる会談の中で、ヤルゼルスキはポーランド共産党が人民の支持を得ていないことを認め、経済回復のために教会の助けを求めた。ヤルゼルスキも若い時にはカトリック教育を受けた人間だ。結局彼は信仰を失っていなかったのだ、と法王は確信した。二月、法王の要請を受けてレーガンはポーランドへの経済封鎖を解除した。「連帯」は合法化された。四月、ゴルバチョフは、各国は独自の発展の仕方を選ぶ権利があるとコメントした。

一九八八年六月、法王の命を受けた枢機卿がモスクワに行ってゴルバチョフと会談した。ヤルゼルスキの仲介で法王とゴルバチョフは手紙をやり取りし、法王はペレストロイカへの賛辞を惜しまなかった。

翌一九八九年の八月、ポーランドでは東欧初の非共産党系首相であるカトリックのマゾビエツキ内閣が誕生し、ワレサは法王への報告のためヴァティカンへ向かった。一一月、東西冷戦の象徴であったベルリンの壁が崩壊した。一二月一日、ゴルバチョフが自らヴァティカンを訪れた。六〇年以上にわたって悪魔だともカトリックの敵だともみなされていたクレムリンの代表を一目見ようと、ヴァティカン中の枢機卿や司教は仕事の手をとめて、赤い旗を立てたゴルバチョフのリムジンを窓から見つめた。前夜ゴルバチョフは「宗教がペレストロイカを授けにきてくれたのだ」と表現した。ロシア正教一〇〇〇年祭の年でもあった。

ロシアが伝統的に東方正教会を信奉していたのに対して、ローマ・カトリックは西欧のシンボルである。しかし、ローマ・カトリックの首長はその西欧カトリックの中ではマイノリティであるスラヴの国ポーランド出身なのだ。東西分裂の時代であったからこそ、ポーランド人法王はカトリックの普遍性を象徴する存在だった。

ローマ法王と、ソ連共産党書記長兼最高会議議長は、二人のスラヴ人として向かい合った。折しもアメリカではレーガンの時代が終わろうとしていた。法王には、自分と同じスラヴ人のゴルバチョフが、レーガンの代わりに神が与えてくれた協力者であるように思えた。過去八年、ポーランド解放のためにアメリカの資金が必要だったし、中南米の訪問の際もアメリカからもらえる情報は有用だった。だからこそ軍備や戦力の拡張に熱心だったレーガンを一度も批判しなかったが、アメリカの物質主義や帝国主義やモラルの混乱はスラヴ人である法王にとってもともと気に入らないものだった。

民主主義と基本的人権（特に信教の自由）とがありさえすれば、質実剛健な社会主義の方が、際限ない自由と放逸のアメリカよりも法王の感性に近かった。これからは改革社会主義の協力を得て祖国ポーランドを世界の模範となる真の宗教国にしようというのが法王の夢になった（実際この時点では法王は社会主義が崩壊するとまでは考えていなかった。ヤルタ協定を白紙に戻して第一次大戦後のヴェルサイユ体制に逆行することを法王は望んでいなかった。ヴェルサイユ体制自体が、第二次大戦で爆発したすべての火種を抱えていたからだ）。

ゴルバチョフはゴルバチョフで、ソ連の改革を成功させるために、同じスラヴ人であり、国際的に絶大な権威を持つ法王の後ろ盾を必要としていた。今まで圧迫してきた国内の正教徒の権威を借りるわけにはいかなかったからだ。ゴルバチョフは法王にぜひソ連に来てくださいと申し出た。

二年後の一九九一年の終わり、ついにソ連が崩壊した。人々は赤の広場に集まって自由を祝った。レーニン廟《びょう》の前にだれかがファティマの聖母像を置いた。一九一七年に「ロシアの改心」を予言したという聖母、法王の命を狙撃から守ったという聖母、法王が東欧とロシアを奉献したというあの聖母の像であった。

†勝利の後

共産圏が崩壊していくにつれて、法王の国際政治における影響力は傾いていった。

一九九一年の湾岸戦争において、アメリカのブッシュ大統領（父）は法王の声明を無視した。六月に故国ポーランドを訪れた法王は、前年大統領に選出されたワレサとグレムプ大司教に丁重に迎えられたが、民衆はもう熱狂しなかった。ポーランド教会は繁栄して建設を続けていたが、経済復興に向けて苦しむ国民の目には壮大な無駄だと映ったし、メディアを通してモラルを押しつけてくるのも迷惑だった。中絶法も廃止されてしまい国民は教会を警戒しはじめた。

法王は、中絶はホロコーストに等しい罪悪であると語ってユダヤ人に抗議された。法王は、ポーランドが鉄のカーテンの向こう側にある時こそ、カトリックを旗印にヨーロッパのアイデンティティを守ろうとしたが、いったん自由を獲得すれば、ポーランドがヨーロッパ先進国の悪徳に染まるのは望むところではなかった。自由とデモクラシーの象徴であるヨーロッパは悪の象徴にすら見えた。ポーランドは理想のキリスト教国になるべきであった。

法王はポーランド解放の目的を達してから急に保守反動的になったわけではない。もともとスラヴ人らしい無骨で一徹な宗教人だった。歴史の上ですでに何度も血を流してきた西ヨーロッパのキリスト教徒たちは、今や悪く言えばすれており、よく言えば宗教に対して醒《さ》めた健康的なスタンスをもっている。それに比べて、過去に十字軍に参加したことのないポーランドのキリスト者は、まだまだ十字軍に乗り出せるほどの気迫と熱意を抱いていたのだ。数年来法王は確かにアメリカと協力し、その軍事増強の批判もせず、目的のためには物質主義の罪悪にも目をつぶって臨機応変にふるまってきた。それも戦いのリーダーとして策士の本能に導かれていたからこそだろう。今や妥協を捨てて理想の国を建設する時が来ていた。

それなのにポーランド国民はいっせいに西欧の自由に目を向けてカトリック教会に背を向け始めた。教会や信仰を捨てたわけではなかった。しかし、国民の九五パーセントがカトリックだと自称しながら、六九パーセントが法王の意である中絶禁止に反対して矛盾を感じなかった。法王は中絶禁止どころか相変わらずあらゆる避妊具や避妊薬も禁じていた。

カトリックが過半数を占めるフランスなどでは、すでに法王が何と言おうと、人々は良心の痛みも感ぜず信仰の迷いもないままに自由に避妊を実行していた。フランス教会（司教会議）は社会の実情に合わせて、性病予防のためにも避妊具の使用を認める声明を出している。ドイツではカトリックの一六パーセントのみが産児制限についての法王の言葉を義務と受け止めている。その他の信者はメンタリティの違いだとわりきって無視し、コール首相も法王に正式に見直しを求めた。

ポーランド国民がさっそく西側先進諸国のように振る舞いはじめたのは歴史の流れでもあり、民衆のしたたかさを示すものであった。自由は放縦とは異なる、と法王が力説しても民衆の心はつかめず、法王は、社会主義政権下での信者と教会の蜜月《みつげつ》が終わったことを思い知らされた。

ソ連から独立したカトリック諸国は法王をあたたかく迎えた。幼くして亡くした母の国リトアニアの黒い聖母の前で、法王は深い祈りを捧げた。

†法王と旅行

ヨハネ゠パウロ二世の旅行はナポレオンの行軍のようなものだと形容する人がいる。史上最大といわれる群衆を集めた初のメキシコ訪問を皮切りに、舞台が大きければ大きいほど、法王のカリスマ性は輝きを見せ、パフォーマンスは冴えを見せた。「旅行し過ぎだという意見もあるようですが」と話しかけたジャーナリストに、「私もそう思いますよ、でも時にはやり過ぎということも必要なんです」と法王は答えた。

一九九六年九月初めの計算では、イタリア国内以外に七二回の外国訪問の旅に発《た》ち、二〇九七度もスピーチを読み上げたとなっている。年齢を鑑《かんが》みると他の国家首長にも例のない精力的な旅行である。家族もなく私生活もない特殊な立場にある法王だからこそだろう。

すべての旅行は基本的に聖地への巡礼であり宣教でもある。イエスは昇天する前に「あなたがたは行って、すべての民を弟子とせよ」(マタイ二八－一九)と使徒たちに言い残しているから、使徒ペトロの後継者である法王の旅行は神学的にも認められる。もっとも法王の旅行は歴史的に新しいことだ。ヨハネ二三世は列車でアッシジとロレットなどイタリア国内のみを旅した。パウロ六世はアフリカ、マニラ、ニューヨーク、ファティマ、エルサレムへと足を伸ばした。ヨハネ＝パウロ二世になって、旅は主活動の観を呈している。イギリスへも出かけたが、一五三四年のヘンリー八世のヴァティカン離反以来初めての法王訪問だったように、各地で歴史を次々と更新している。

各国訪問がいつも安全であるとは限らない。むしろ緊張をはらんでいた。政治的に問題を抱えた国に敢《あ》えて行っては、歯に衣きせずに正論を吐いたので、煙たがられたり恐れられたりしていた。一九八一年二月のパキスタン訪問の際、カラチ市の競技場に到着する一時間前に爆弾が暴発して運んでいたテロリストが死んだ。

法王はいつも、自分の運命は神の手の中にあるといって、決して恐れることがなかった。ニカラグアでは出迎えの独裁者を跪かせて公衆の面前で非難したこともある。カルカッタ(現コルカタ)ではマザー・テレサの手を取って歩いた。

法王がどこでも歓呼の声で迎えられたわけではない。一九八五年のオランダ訪問の際には、ユトレヒトで何千人ものパンク・ファッションの若者やアナーキストや同性愛者が法王の権威主義を批判して抗議デモを繰り広げた。

チリのサンティアゴではつめかけた何万人もの若者たちを前に、「君たちは富の崇拝を拒絶するか？」と尋ねた。若者たちはいっせいに「はい」と叫んだ。さらに「権力の崇拝を拒絶するか？」「はい」のやりとりの後に、「セックスの崇拝を拒絶するか？」の問いに若者たちは元気よく「いいえ」と叫んだ。それでも法王は若者たちを愛した。ベルギーの大学ではポーランド系の女子学生が立って、避妊具の禁止やラテン・アメリカ対策についての不安と不満を述べた。法王は女子学生の頭を抱いて接吻した。多くの若者たちは、結局祭りが好きで、みんなで集まるのも好きで、カトリック教会の組織力や道具立てやドラマティックな演出に魅せられた。法王は永遠の演劇青年のように生き生きと主役を演じた。

しかし法王の健康は、狙撃後の手術以来、完全に回復することはなかった。ポーランドの保守的カトリックを反映した、時として頑《かたく》なに見える言動を、批判したり軽蔑《けいべつ》したりする者もいたが、訪問先のミサで法王の苦しそうな姿や震える手を見ると、カトリックではない多くの人までが信仰の力に感動した。

†安全対策と予算

一九八一年の狙撃事件以来、パパ・モビルと言われる白のオープンカーは、透明の防弾ガラスの覆いで囲われるようになった。ベンツの特注車二台があり、二台とも法王の訪問先に飛行機で輸送される。前部両脇に黄と白の法王旗が立っている。

一九九六年九月、ローマ法王の訪問を前にしたフランスの聖ローラン大聖堂の祭壇脇で二五〇グラムのダイナマイトが六本発見された。警戒態勢は強化された。付近のゴミ箱がすべて取り外され、公道は二四時間明かりで照らされた。やはり訪問先に予定されているランスのカテドラルではマンホールの蓋《ふた》も固定され、狙撃官が配備された。トゥールでも一〇〇〇〇人の警備員が出たが、すべてフランス国防省と内務省が配したものである。

法王一行の荷物ももちろん厳重に警護される。訪問先での法王の寝室前には、三〇人の随行員の中に含まれる二人のスイス兵が立つ。カテドラルに入るには身分証明書と名前の入った招待状とを見せねばならない。この時フランスには四度目で、八〇年にはパリのノートルダムへ、八三年にはルルドへ、八六年にはアネシィに訪れている（ルルドは一九世紀に聖母マリアが出現したとされる聖地で、アネシィは一七世紀に聖母訪問会修道会を開いた聖フランソワ・ド・サルと聖女シャンタルの眠るところだ）。

このように、表向きには、法王は一キリスト者として各国に巡礼に来るのだから、別に各国政府からの招待を待っているわけではない。各国の司教会議と連携して行き先やスケジュールを決めるのだ。しかし、法王は主権を有する一国の首長であるから、各国政府が無視するわけにはいかない。法王が国際的に大きな影響力を持つ大外交官であることが分かっているから、結局国賓扱いとなる。一九九六年九月のフランスではアメリカ大統領の訪問時と同じように、飛行場に赤い絨毯《じゅうたん》、フランス大統領、二〇人のボディガードが待ち構えた。国内移動には軍用機が使われた。

フランスは伝統的にはカトリック国であるが、フランス革命を経て政教分離を確立した国なので、一宗教の首長の警護に大量の公務員を投ずることに批判の声も上がった。しかし、実際ランス空港には一〇万人が、モルビアン空港には二〇万人の信者がそれぞれ法王を見につめかけ、公共の安全を国が取りしきらぬことは不可能だ。法王の巡礼地がある県や市町村も、それをきっかけに公道を整備して、観光収入の増収を図ることになる。

法王が一九九七年四月にボスニアを訪れた時は、外部からサラエヴォのミサに出る人は約三〇〇〇円の通行料を取られた。安全対策の経費である。一九九四年にも訪問が予定されていたがリスクが大きすぎて見送られていた。法王の到着時にはイスラムの代表が迎えたが、国歌は演奏されなかった。内戦の間法王はボスニアの平和のために尽力し、カトリック陣営を批判することも辞さなかったので、イスラムからも正教徒からも超党派的に評価されていた。ヴァティカンは、一九九二年一月にクロアチアとスロヴェニアの独立をドイツに続いて真っ先に承認することでベオグラードの政府を牽引《けんいん》した。内戦を経て、イスラムと正教徒とカトリックが法王を迎えて同席することは、いまだ緊張下にあるボスニアの平和のシンボルとして何とか受け入れられた。

ヴァティカンは原則として法王の外国訪問のために特別予算を組まない。基本的には訪問先の国のカトリック教会がすべてを賄うことになっている。一九九六年にはわずか数日の滞在に、フランスのカトリック教会は四億円近い予算を捻出《ねんしゅつ》した。法王一行のイタリアとフランス間の移動は、アリタリア空港とエール・フランスが特別機を無償で提供した。法王が訪れた巡礼地では花を植えるのに一〇〇〇万円、戸外のステージの絨毯に一四〇〇万円、音響設備に三〇〇〇万円、大スクリーン二つに八〇〇〇万円、運営費四〇〇〇万円、衛生設備六〇〇〇万円などを含む一億円以上が消費された。これらは教区で集めた寄付金や、記念品や典礼用品の販売収入で賄われた。補助金を出す市も多かった。教会や法王にはいわゆる利益というものは入らないが、巡礼者のための飲食施設や宿泊施設をはじめ、カメラマンによいアングルを提供するためにバルコニーを貸す業者など、法王の訪問に便乗する者が大勢いたことはいうまでもない。

†キューバへ

法王が自ら望んで巡礼に行ったり政策的な旅行を企てたりするのとは別に、「行かない」ということが意味を持つこともある。一九八九年にキューバのカストロ首相が法王を招いたときに、法王は行かなかった。

中南米のカトリックと社会主義と、社会主義ではないが軍事独裁政権の国との間の関わりは微妙である。社会主義が即、信教の自由を含む基本的人権を無視した一党独裁政権になっている場合は、法王にとってもわかりやすい「悪」だった。だからこそソ連や東欧では、宗教意識を昂揚《こうよう》させることがそのまま革命の力になった。しかし、世界のカトリック人口の半数を占めるといわれている中南米ラテン諸国では、人民を圧迫している独裁者自身が熱心なカトリック信者であったり、教会の擁護者であったりする。それに対して、一九五九年にカストロが革命に成功した頃は、社会主義は独裁政権を倒した自由のシンボルであり「善」であった。しかしソ連と結びついてアメリカを脅かすという意味では危機の温床であり、自由諸国にとっての「悪」でもある。

民主主義を標榜《ひょうぼう》する法王にとっては、他の独裁国も紛れもない「悪」であったが、カトリック国だけにもっと始末が悪かった。独裁者の縁者が地元教会の要職についていたり、権力に密着していたりして腐敗していることがある。

また逆に、虐げられている民衆の側に立って、草の根的な抵抗運動を指導する司祭たちもいた。いわゆる「解放の神学」の実践者である。しかし、抵抗運動は、必然的に社会主義革命を目指す急進左翼組織と結びつくことになる。ローマ教会は「解放の神学」を否定した。既成教会を守る保身と秩序が優先したのだ。

ところが一九九六年一一月に、カストロがヴァティカンにやってきた。ローマでちょうど開かれていた世界食糧週間に出席するためだった。法王の私用図書室に軍服でないダークスーツで姿を見せたカストロは、キューバのために祈ってほしいと頼んだ。法王はカストロの前で、アメリカ政府の経済封鎖を非難した。カストロにヴァティカンへ行くようにと示唆したのは、ほかならぬアメリカとスペインでもあった。ソ連なき後、キューバよりも中南米軍事独裁政権の方がやっかいだった。カストロと法王の間に外交関係が樹立されることは、緊張緩和のためにも、作戦上も望ましかった。

法王はカストロに一国の首長としての礼を尽くした。そして、カストロのヴァティカン訪問の答礼訪問として、キューバを訪れることを約束したのだ。

一九九八年一月二一日から二五日までの法王の訪問が決定したキューバでは、三〇年間圧迫されていたカトリックが息を吹き返した（一九六一年には一三〇人の司祭が追放され、四〇〇人以上の司祭と二〇〇〇人の修道士や修道女が亡命した。一九九一年まではカトリック信者は教育関係、軍隊、メディアで働く道を閉ざされていた）。一〇〇万冊の聖書が配られ、キューバの守護聖女である「銅の慈悲の聖母」像の複製が出回った（この聖母は黄色と白の服を着ていて、法王のシンボルカラーと一致する）。一九九七年のクリスマスは二八年ぶりに国家の祝日とされた（クリスマスのシーズンがサトウキビの収穫と重なるせいで、これまでは七月にひっそりと祝われていた）。一二月二〇日、唯一の日刊紙である共産党機関紙『グランマ』の第一面に、クリスマスに寄せた法王のメッセージが掲載された。

カストロは敬虔なカトリック信者であった母に育てられ、カトリックのサレジオ会とイエズス会の教育を受けている。「フィデル」という名も神に対する忠信に由来し「信者」を意味する。革命に成功した一九五九年一月、演説するカストロの肩に一羽の白鳩がとまった時も、聖霊による祝福だと受けとめられた。その後革命政府とカトリック教会は反目し合ったが、一九六二年以来続くアメリカの経済封鎖で貧困に追いやられたキューバは、ローマ法王を頼みの綱として危機の打開を図っていた。ローマ法王に来てもらえるということは、国際社会への復帰の第一歩であるからだ。

人々は奇跡を望み、キューバ教会は、「法王は観光客でも政治家でもなく、国のすべての問題を解決してくれるというわけではない。一人一人の心に希望をもたらしてくれる宗教上のリーダーなのだ」と説明しなくてはならなかった。

†特異なカリスマ

ヴァティカンにやってきて法王と記念写真をとる政治家や国家首長の中には、それを自分のイメージ・アップの目的に利用する者ももちろんいる。その中には独裁者や反ユダヤ主義者もいて、彼らを親しく迎えたことで法王が激しく批判されることもあった。

しかし、このように法王が利用されたり批判されたりするということ自体が、彼の影響力の大きさと、クリーンでポジティヴなイメージを示しているといえるだろう。そもそも、二〇年以上も絶対権力の座についてなおクリーンなイメージや信頼を保つということは難しい。ヒトラーから新宗教の教祖まで、およそカリスマ性と権力と演技力を持つ者が、いかがわしくならないというのは稀《まれ》なことだ。

これは法王が個人の財産や妻子を持たぬという制度にもよるだろうが、イエス・キリストが自分のことを最も貧しき者、最も小さい者、最も弱い者になぞらえた精神をヨハネ＝パウロ二世が継承していたからだろう。「謙譲」の徳だと言ってもいい。それは世の多くの指導者や権力者たちが忘れてきた徳でもある。

ヨハネ＝パウロ二世が、年をとり、さまざまな健康の問題を抱え、痛み、苦しみ、批判されたり、攻撃されたり、揶揄《やゆ》されたりすればするほど、彼はより小さくより弱い者となり、したがってイエス・キリストにより近く寄り添うことになる。二〇世紀末という激動の時代に国際政治の主役の一人として精力的に活躍した法王は、弱くなることや批判されることも受け入れ、そのことでさらに真摯でピュアになっていくという特異なカリスマ性を発揮したのだ。

第五章　二一世紀のローマ法王

タブレットでツイートするベネディクト16世

†残された確執

ヨハネ＝パウロ二世はヨーロッパの東西分裂の終焉《しゅうえん》というドラマにおいて八面六臂《ろっぴ》の活躍をしたが、世界情勢は平和の実現にはいまだ程遠く、貧困と戦闘は絶えていない。一触即発の危機を含む危険地域もあり、その多くは宗教がらみの確執を根にもっている。

たとえば、謝罪を重ねたとはいえ、カトリック教会はユダヤ人迫害の十字架を負い続けている。

初代の法王たちはもちろんユダヤ人であった。しかしキリスト教が発展をとげたギリシア・ローマ世界の中で、ユダヤ人は「神殺し」であると考えられる長い時代がやってくる。一九世紀末のフランスを騒がせた冤罪《えんざい》のドレフュス事件においては、多くのカトリック信者は、ユダヤ人であるドレフュスがドイツに益するスパイ行為をした裏切り者であるという見解を支持した。

一九〇五年にピウス一〇世が史上初めて正式に反ユダヤ主義を非難したものの、第二次世界大戦のナチスによるユダヤ人のホロコーストの時期には、カトリック教会は全体としては沈黙の姿勢でやり過ごしている。ピウス一一世は「我々は霊的にユダヤ人なのだ」と連帯感を表明したが具体的な対策を立てるに至らなかった。

一九四七年にはスイスで、カトリック教会とプロテスタント教会の要人が集まってホロコーストにおけるキリスト教の責任を語り合った。一九六〇年にジュール・アイザックが「ユダヤ教についてのキリスト教の軽蔑《けいべつ》的教育を廃止するための建白」をヨハネ二三世に奏上した。翌年ニュー・デリーで開かれた教会諸派連合委員会は、「反ユダヤ主義」宣言を表明した。一九六五年には第二ヴァティカン公会議の成果である「Nostra Aetate」(キリスト教以外の諸宗教に対する教会の態度について)が発表され、カトリック教会と他の教会の関係とユダヤ教との関係が見直された。ユダヤ人とキリスト教徒の間には霊的な結びつきがあることが再確認された。

一九八六年にヨハネ＝パウロ二世は歴代法王で初めてローマ市内のシナゴーグ(ユダヤ教会堂)を訪れる。法王はユダヤ人を「我々の愛する同胞、ある意味で我々の兄たち」と呼んだ。一九九三年、法王庁とイスラエルが互いを国家として認める基本的合意に達する。一九九七年四月、ローマでヨハネ＝パウロ二世は、イエスが「イスラエルの正統的な息子であり、その民族の長い歴史に深く根を下ろしている」と述べ、「キリスト信者はユダヤ人がユダヤ人であること故に差別されたり虐待されたりすることをもう許してはならない」と語った。「ユダヤの聖典は永遠に価値ある神のことば」であり、「キリスト教徒はアブラハムの子孫」であるとも認めた。

しかし、同じアブラハムの宗教から分かれたイスラム教との緊張は増している。アフリカでは多くの司祭や修道士がイスラム過激派に殺害されている。また、イスラエル政府は、二〇〇〇年の大聖年の新年を聖地イスラエルで祝うようにと世界中のキリスト教徒に呼びかけたが、地元のパレスティナのキリスト教徒には通行を制限し締めつけが厳しくなるなど矛盾した状況にあった。

中南米カトリックの状況も予断を許さない。現在でも南北アメリカ大陸にカトリックの半数が集中している。北米では最大宗派であり組織も充実していて影響力も強い。しかし中米ではアフリカ起源の宗教や地元民間信仰との習合の色が濃いし、南米では多数派であるが独裁政権と結びついたことでかえって社会的影響力を失った。

†規律とモラルの諸問題

カトリック教会の内部では司祭の独身制度の破綻《はたん》も問題になっている。アフリカや南米の司祭の多くは現地の慣習により家庭をもっている現状がある。女性司祭の登用を不満に思って英国国教会からカトリック教会に改宗する司祭の中には妻帯者がいる。英国国教会では司祭の妻帯が認められているからだ。東欧の旧共産国の司祭も問題になっている。多くの司祭が、共産党政府の圧力を避けて、身分を隠すために結婚した（結婚は棄教の判断基準の一つとされたからだ）。ローマ教会との連絡も絶たれた。社会主義政権が倒れて自由化したときにこれらの隠れ司祭はカトリック教会に戻ることを希望し、受け入れられている。

このような妻帯司祭の受け入れは、ローマ典礼を拡大した東方カトリックの典礼を適用することで対応しているが、独身制の原則が揺らぐのは防ぎ得ない。キリスト教の初代の教父たちはもちろんユダヤ人であり、しかも司教になれるのは原則として家長だった。つまり妻子をかかえる成人男子だ。その後、独身制がプラトン主義に影響されたローマ・カトリックの特徴になっていく。プロテスタントによる宗教改革の原因の一端もここに根差していた。

現在は聖職者志願の減少と相まって、カトリック教会の内部でも独身制の見直しを求める声も大きく、二一世紀の法王が直面する課題のひとつになるだろう。

モラルの面でも教会は数々の問題を抱えている。前述した産児制限や中絶に関するメンタリティのずれに加えて、長い間自然に反する最大の罪の一つと見なされてきた同性愛もその一つだ。一九九七年、アメリカではホモセクシュアルの子供を持つ家庭の要請に応《こた》えて、カトリック司教会がついに宣言を出した。そこにははっきりと「同性愛は罪とみなされることはない。なぜなら道徳（正義）とは選択の自由を前提として認めるからである」と謳《うた》われている。

英国国教会では司祭のホモセクシュアリティの問題が議論の対象になっている。スイスのプロテスタントは、同性愛者のカップルに祝福を授けて彼らが神に祈ることを可能にしようとしている。罪も人も時代と共に変遷する。その中で、神と人との関係がどう変わっていくのかということは、一神教世界においては今も変わらぬ大問題なのだろう。

†法王はどのように選ばれるのか？

法王を選ぶのが枢機卿《すうききよう》だ。枢機卿はウルバヌス八世（一六二三〜四四）の頃から猊《げい》下《か》という尊称で呼ばれている。昔はローマとその周辺の司教区の聖職者のみで成り立っていた。枢機卿の中にも司教（ローマに近い司教区の長）、司祭（ローマの重要な諸教会に配属されていた主任司祭）、助祭（法王庁の高級職員）の区別があった。教会にとって重大な問題が起こると、法王によって招集されて会議に出席する。今も、枢機卿は名目上はローマ小教区の担当聖職者ということになっていて、ローマ司教である法王を補佐する形になっている。実際にはローマ法王庁の各省の大臣役や、各種委員会や評議会の会長役、大都市の大司教などを兼ねていることがほとんどである。

法王として選ばれるのも、成文化されてはいないが大体枢機卿の中からということになっている。一九七〇年の改革以来、八〇歳を過ぎると選挙権を失うようになった。また一九七五年の「Romano Pontifici Eligendo」(ローマ法王選挙法)によって、選挙権を持つのは最高が一二〇名までとなった(一九六三年の選挙の時までは七〇人が定員だった)。

一六〇五年から一八四五年までは枢機卿の四分の三以上はイタリア人で占められていた。一九三九年のピウス一二世選出の時にはイタリア人は三二人、他のヨーロッパ人二二人、それ以外は九人という内訳だった。

それが一九九四年一一月の枢機卿会議では、枢機卿の国籍は実に六四ヵ国にわたっていた。ヨーロッパ出身の枢機卿はもはや過半数を割っている。一九九六年には一一六人のうち、イタリア人は一七人、フランス人四人、その他のヨーロッパ人三二人、非ヨーロッパ人が六三人となった。非ヨーロッパ人は、ラテンアメリカ人が二一人、北米人一二人、アフリカ人一四人、アジア人一二人、オセアニア人四人となっている。

法王選挙はコンクラーヴェと呼ばれる。「Cum Clavis」すなわち鍵《かぎ》で閉めるという意味で、枢機卿たちは選挙の間中、鍵のかかった部屋に閉じこもらなくてはならない。

枢機卿のみによる選挙が行われるようになったのは一〇五九年のラテラノ会議の決定以来のことであるが、コンクラーヴェという呼び名は一三世紀以後のものだ。法王の決定には一二七四年以来、三分の二以上の票を必要とした。

選挙の条件はなかなか厳しかった。昔は三日間で決定しなければその後の五日間は食事が一菜のみとなり、さらに長引けばパンとワインと水しか支給されなかった。そこまで厳正を図っても、一四九二年のアレクサンデル六世が二二票を金で買ったように、利権がからんだ不正がはびこった。

今は最初の一〇日間に三〇回までの投票をして三分の二の票を獲得しなくてはならないが、その後は、一九七五年以来、もし枢機卿が全員一致で望めば過半数を得た者を選出できることになった。一九九六年にヨハネ＝パウロ二世はさらにこれを、一〇日以後は枢機卿の過半数が望めば、過半数の票獲得によって選出できると変えた。このことについて、ヨハネ＝パウロ二世が事実上の後継者選びにかかっているのだと見る向きもあった。彼の二〇年にわたる在位の間に、かつての多くの枢機卿が亡くなったり八〇歳を越えて選挙権を失っているので、一九九八年当時の枢機卿の多くはヨハネ＝パウロ二世の直接選んだ者となっている。だからヨハネ＝パウロ二世と同じ政見を持った者に多くのチャンスが与えられるという見方である。

法王が決定した時にヴァティカンの煙突から白い煙がたなびくことは有名だ。サン・ピエトロ広場に集まった人々は、黒い煙が白く変わるのを今か今かと待っている。この煙は選挙の投票用紙を燃やす煙だ。

一五五〇年までは使用済みの投票用紙をその場で燃やしていたが、フレスコ画が傷むのを恐れたユリウス三世（一五五〇〜五五）が長い筒のついた焼却釜《がま》を採用した。法王が選出されたら乾いた藁《わら》を入れて煙を白くし、選ばれないときの用紙は湿った藁と共に焼かれて黒い煙を出すようにした。今はベンガル火薬で色を変えている。

法王に選ばれた者は、昔は古代の王者のような派手な行列を連ねて、一六人の士官にかつがれる輿《こし》にのってサン・ピエトロ大聖堂に入場した。一人の司祭が、先に麻屑《くず》が燃えている細い棒を差し出し、「Sancte Pater, sic transit gloria mundi」（聖父よ、こうして世界の栄光が渡ります）と宣言した。今は輿も宝冠も廃止されている。

法王の普段の僧服は白だ。これはドミニコ修道会出身の聖ピウス五世（一五六六〜七二）が修道会の白服をそのまま法王の服にして以来の習慣だといわれる（それまでは緋色《ひいろ》であった。今はマントに赤が使われている）。ピウス六世（一七七五〜九九）以来、デザインもほとんど変わらないが、だんだんと丈も短く幅も狭くなってきている。

いわゆるローマン・カラーのシャツの上に長衣、その上にひじまでの長さのケープ、腰には波紋入りのベルトをつけ、紋章と金の房がついたその先は左わきに垂れる。胸の十字架は鎖が胸の第三ボタンのところに、緩みをもたせるようにかけられている。右手薬指には十字架形の金の指輪、頭にはシンプルな白い丸帽子《カロット》をつける。カトリック国の大使に会う時以外は特別な襟垂はつけないし、前任者が冬に着用していた白鳥の刺繡《ししゅう》つきのビロードの上着もヨハネ＝パウロ二世は着なかった。典礼服は他の司教のものと変わらない。昔は足を隠すためにつけていたたっぷりした絹の下着も、ピウス一二世が階段でふみつけてしまって以来廃止された。ミラノの人々から贈られた宝冠もパウロ六世が売り払ったし、ヨハネ＝パウロ二世は宝石をちりばめた杖《つえ》も使わなかった。

法王に拝謁する人の服装にも決まりがなくなった。昔は女性はレースのヴェールをかけていたが、今は必要条件ではない。男性も普通のダークスーツで大丈夫だ。また、ピウス一二世の頃には法王の前に出るとまず三回ひざをつかねばならなかったのも廃止された。

†ローマ法王の在位期間

ヨハネ＝パウロ二世は二六年という長い在位だった。実は、在位期間が一九年を超えた法王は二六六人中の八人しかいない。若輩が法王に選ばれることは少ないし、昔は平均寿命も短かったから当然だろう。在位期間の短い方の記録はステファヌス司祭で、この人は七五二年、法王に選ばれて三日後に死んでしまい、ローマ司教として叙任される暇すらなかった。近年では一九七八年にヨハネ＝パウロ二世の前に選ばれたヨハネ＝パウロ一世が一月と二日間の短命に終わり、暗殺などの憶測が乱れ飛んだ。

一一世紀初頭には、法王たちの在位期間があまりにも短いので、時の法王アレキサンデル二世の顧問だった聖ダミアノが、法王たちは神が現世のはかなさを人々に示すために短い在位を決定づけられているのだと考えたほどだった。もっとも、一五世紀には長生きした法王が多くなり、ロドリゴ・サンチェスという神学者がそれは法王が神に特別愛されている徴《しるし》しであると断言した。

在位の最長記録は三二年八カ月のピウス九世だ。一八七八年に八五歳で亡くなった。第二次世界大戦時代の法王ピウス一二世は、一九年八カ月の在位後八二歳で没した。

しかし、現在では、単なる国の象徴や立憲君主ではなく、全世界の何億人ものカトリック信者や聖職者に対する最高決定権を有する首長が、その健康状態の如何《いかん》にかかわらず終身在職するということに対しての疑問の声もあがっている。それは、今まで同様に終身職であった司教職に、ヨハネ＝パウロ二世が七五歳の定年制を導入し、法王の選挙権を持つ枢機卿が、八〇歳で選挙権を失うという一九七〇年のパウロ六世の布告による高齢化対策の流れに基づいたものだ。

ヨハネ＝パウロ二世が一九九五年のクリスマスの祝福を下腹の痛みのために中断したことは、集まった群衆だけでなく中継されたテレビやラジオの視聴者も不安にさせた。癌、パーキンソン病などの所見も曝《さら》された。フランスのカトリック信者になされたアンケートでは、五九パーセントが健康状態によっては法王の辞職を認めるべきだといっている。ヨハネ＝パウロ二世はイエズス会の総長の質問に答えて、「(法王が生きている限り)『元法王(名誉法王)』という称号は今までなかったしこれからもない」と言明した。法王選挙は聖霊に導かれてなされると考えられている。聖霊の働きで法王になった者は、神のもとに呼ばれるまではその使命をまっとうするほかはないとされていたのだ。

†ヨハネ＝パウロ二世の次の法王

しかし、次の法王についての下馬評は欧米のあちこちで遠慮なく話題にされていた。カトリック信者の間だけではなくて、一般の新聞雑誌にも盛んに取り上げられた。イタリアではパパビリ(法王のお気に入り)論議が町の話題になっていた。

まず、イタリア人以外の外国人法王が続けて生まれるかどうかという関心があった。ポーランド人は西欧社会では、カトリック仲間であるとはいえ、歴史的に有形無形の社会差別を受けていた。西欧に住むスラヴ人の多くが名をラテン風に変えるのもそのせいだ。ポーランド人法王の出現は、イタリア人枢機卿同士の派閥争いの末のアクシデントだったのだという説すらあった。とはいえ、選挙権を持つ枢機卿の五分の四はヨハネ＝パウロ二世により任命された者であったから、次の法王にはヨハネ＝パウロ二世の路線を引き継ぐ者が選出される可能性は高かった。

同じ東欧畑ではプラハのヴルク大司教が六四歳（一九九八年当時）という若さと、共産党政権のもとで信仰を守った実績が買われて有力候補とされた。ヨハネ＝パウロ二世に最も重用されていた実力者は、進歩派ではミラノのマルティニ大司教（イタリア人）、保守派では一五年間教理省（昔の異端審問に相当する教理の元締め）のトップにいる元ミュンヘン大司教ラツィンガー（ドイツ人）などがいた。結局、ラツィンガーが選出され、ベネディクト一六世となる。

他には、ヨハネ＝パウロ二世の選出を支持したといわれるカトリック右派団体オプス・デイの動きも注目された。六〇人の枢機卿がオプス・デイのシンパであるといわれていた。イエズス会士であるマルティニ大司教はオプス・デイの支持を得られないことが弱みになっていた。

穴馬としては、ナイジェリアのアリンゼ枢機卿の名もあがった。彼はヴァティカンの異宗教間対話のための委員会長を務め、イスラム問題の専門家として評価が高い。カトリック信者の過半数が南半球に移るといわれる二一世紀の法王としては象徴的な存在になりえたであろう。

ヨハネ＝パウロ二世は物質主義に侵されていないアフリカ教会を気に入っているといわれていた。また、アフリカ系法王が誕生していたら、これまで軍隊と教会がペアになってきたアフリカ植民地の歴史に真のピリオドを打つだろうという意味もある。ポーランド人の法王が東欧問題を制したように、二一世紀にはイスラムの問題や貧困問題が最も深刻であるアフリカ大陸を制する法王が活躍すべきだという含みも持っただろう。

その他、フランスはパリのルスティジェ大司教も、メディアに強い実績があり、ナチスの時代の改宗ユダヤ人であるというユニークな出自も注目されていた。実力ある北米の大司教、最大の信者をかかえる南米の大司教のほか、ラテン問題の専門家ソダノ枢機卿、ロシア正教に詳しいシルヴェストリニ枢機卿、アメリカに強いラギ枢機卿などの外交派も候補にあがっただろう。あるいは、カリスマ性の大きかったヨハネ＝

パウロ二世の後だけに、とりあえずイタリア名門司教区の高齢の枢機卿（保守派ポローニャ大司教ビフィなど）を後任に選んでおいて、実質は法王庁の官僚機構を強化しようという考えもあったようだ。

保守派が選ばれようと進歩派が選ばれようと、いったん法王になればバランス感覚が最も必要とされることは間違いない。二〇世紀のアメリカのような大国の覇権主義が過去のものと化しつつある今、二一世紀には力でねじ伏せる政治に代わって技と賢さが必要とされるだろう。また世界がネットワーク化していくヴァーチャルな時代でもある。多国籍の超国家であるヴァティカンの智恵と経験が最も期待される時なのだ。そんな時代だから、次の法王の人選を通して新しい世紀を探ってみるのも興味深かった。

ヨハネ＝パウロ二世が一九八六年にアッシジで始めた世界宗教の対話と平和のための祈りのセレモニーは今も続いている。仏教者やアメリカ・インディアンも含めた出席者たちの中に友情も芽生えつつある。「聖戦などはない、……どのような紛争も宗教の中に口実を設けてはならない、……平和とは神のひとつの名である」と彼らは宣言した（一九九六年世界宗教者会議一〇周年）。個別の紛争は解決しないものの、二〇〇人にのぼる世界の宗教のリーダーたちがとりあえず一堂に会して世界平和を標榜《ひょうぼう》していてくれることは心強い。

若いころ登山をよくしたヨハネ＝パウロ二世は、二〇〇〇年の夜明けにユダヤ、イスラム、ギリシア正教、プロテスタントを含む一神教の指導者たちと共にシナイ山にのぼることを夢見ていた（紅海のほとりのシナイ山は神がモーセに姿を現したところで、一神教の共通の神の聖地である）。一九七八年、彼が法王に選出されたとき、ポーランド人の先輩であるヴィシンスキ枢機卿は、「教会の運命は少なくとも二〇〇〇年までは君の肩にかかっている」と告げたという。

ややもすると怪しげな世紀末の終末予言がはびこる世の中で、イエスの誕生の意味に思いを馳《は》せて世紀末をポジティヴにとらえようとする法王にとって、二〇〇〇年の大聖年を平和裡《へいわり》に迎えることは大使命でもあった。

†日本人がローマ法王を知る意味

聖書は今も世界一のベストセラーである。聖書協会世界連盟は二〇一七年に三八六一万冊（電子版七九〇万冊を含む）の聖書を売ったと発表した（アフリカに六一五万冊、ヨーロッパ・中東に三六二万冊、南北アメリカ・アジア太平洋地域に二八八四万冊など）。

共産圏の崩壊によって東欧とロシアがどっと「キリスト教文化圏」に戻ってきた。

また、緊張の続くユダヤ・イスラム世界との確執に対しても、キリスト教は、「アブラハムの宗教」という共通の根を手掛かりにして共存を目指そうという意識をはっきり持ちつつある。アフリカと南北アメリカに数的な中心を移しつつあるカトリックの役割は増大するだろう。新しい世紀を展望するには、一神教（ユダヤ－キリスト－イスラム）の拮抗《きっこう》に注目する必要がある。カトリックのシンボルであるローマ法王の歴史と役割を知ることはその基本となるだろう。

思えば二〇世紀後半のカリフォルニア・ニューエイジ思想の流行によって、キリスト教文化圏の側は積極的に「東洋思想」を学んだり吸収したりしようとしてきた。けれども日本の方では、明治以来「和魂洋才」と称して、生活はすっかり西洋化しながらも、彼らの一神教を理解する努力は怠ったままになっている。それどころか、カリフォルニア経由の「東洋思想」を逆輸入して多くのカルト宗教を出現させている状態で、このアンバランスが深刻な社会問題の要因となっている。

現代日本の文明のルーツでもあるヨーロッパの成立と深く関わったローマ・カトリックについて概観することの重要性はそこにあるだろう。

†いかにして法王は生き延びるか?

ローマ法王はローマ・カトリックの顔だ。ローマ法王は歴史上の人物でもあり、非常に政治的で国際的な現実の主権者でもある。カトリックも過去の遺物ではなく、生き延び、生き続けている。その秘密は、カトリックが伝統権力であると同時に、天の国というヴァーチャルな国を掲げるヴァーチャルな存在でもあるところにある。歴史の中で危機に遭遇する度に、カトリックはそのヴァーチャルな部分の中に逃げ、拠《よ》り所を求め、やがてまた伝統権力として甦《よみがえ》ってきたのだ。

一つの「宗教」は成熟し得る。

時の波に洗われて風化する宗教もあるが、時代や社会とのスタンスをうまく取って共生していく宗教もある。独裁や全体主義や帝国主義へと向かうリスクをうまく避けて、つまり、もっとも宗教を危うくする「権力」への志向に囚《とら》われることなく自由なままでいることもあり得る。倫理を唱え、良心の旗を掲げて、社会の権力や欲望の暴走の歯止めとなり得ることもある。

岩が石になり山脈が山地になるように、狂信もやがて迷信となり戦闘的な宗教もいつか角がとれて丸くなる。かつて血を流しながら多民族ヨーロッパの基礎を築いたローマ・カトリックも、その牙《きば》を摩耗させつつあった。

しかし、世界のすべての地域が平等に穏やかに年をとっていくわけではない。新しい狂信、若い独裁、独りよがりの熱狂があらゆるところに生まれ、いたるところで弱者に牙を剝《む》いている。そして、中央より地方が、富める者より足らない者が、得てして先鋭の爪を研ぐ。

老獅子《じし》ローマ・カトリックは、二〇〇〇年の歴史の終わり近くになって、東欧の田舎の、占領ばかりされてきた不運な国からやってきた、したがって気迫とやる気に満ち夢を捨てていない男を法王の座に据えた。だから彼は、保守反動だ旧弊だと言われようとやはり、高いヴォルテージをもったヨーロッパの回春装置として働き、忍耐強く鉄のカーテンをひっぱってついに剝《は》がしてしまった。

一度彼が使命を果たすと、人々はもう以前ほど彼を必要としなくなった。彼の頑迷な「田舎臭さ」が人々の求める洗練と合わなくなったのかもしれない。けれども彼は世界を駆け巡って檀上で正論を叫び続けることをやめなかった。殺すな、傷つけるな、愛し合え、わかっていても、多くの人は自分も傷つきながら他人を傷つけて生きているのだ。正論なんか聞きたくない。街頭の宣伝カーで迷惑な自論をぶつ人とどうちがうのか。

彼も年をとった。けれども熱意は衰えなかった。自ら老いて苦しみながら、自己の利益を求めず、しかし頑ななまでに自分の意見は変えなかった。彼を見、彼の言うことを聞いていると、人は失いつつある何かの方を振り向かざるを得なかった。自分の生活に追われている人たちの間にたまに、正論を堂々と吐いて迷惑がられるピエロがいてもいい。だれかが、どこかで、いつも、殺すな、傷つけるな、愛し合え、と言い続けている。安らぎは案外そんなところから来るのかもしれない。

†世紀末のローマ法王

西暦がどんどんと数を増し、九が並ぶようになり、世紀末と言われるようになった時代、世間では、現代生活のストレスを「世紀末」という言葉に託していたずらに不安感をそそる言説がはびこった。

人が恐怖によって世界と結びついているかのような、そんな終末論的な世界観が、非キリスト教文化圏の日本ですら、隣人の破滅や世界の破滅のイメージを育《はぐく》んでいった。

ところが、西暦のそもそもの起源であるキリスト教世界に目を向ければ、二〇〇〇年や二〇〇一年は決して不吉なものではない。救世主であるイエス・キリストの誕生祝いをするめでたい年である。キリスト教の最大宗派であるローマ・カトリックは、大聖年を企画した。しかも内輪の祝いではなく、宗派を超えて人類が連帯し、地球の平和を実現するための契機としてとらえたのだ。だから彼らにとって世紀末は、大聖年への準備期間に過ぎない。

西暦の本家がそういう前向きの姿勢でいるのを知るとなんだかほっとさせられた。キリストの誕生日のクリスマスだって毎年なんとなく祝ってお祭り気分になれるのなら、二〇〇〇年の到来だって明るく迎えることができるはずだ。そんなお祭りの音頭をとる人、しかもただの雰囲気作りではなくて、具体的に努力して世界平和に寄与しようとしている人であるローマ法王について考えることには意義がある。

そればかりではない。ローマ法王について考えていけばいくほど、ローマ法王が私たちの歴史認識と欧米文化理解の盲点にある大きな存在だと思い知らされる。ローマ法王を知ることは、私たちの常識を深く豊かにしてくれるだろう。

†ドイツ人法王の誕生

二〇〇五年の復活祭の日曜日、恒例の祝福の言葉を述べるために窓に姿を現したヨハネ＝パウロ二世は、気管切開された喉《のど》をふりしぼるようにあえいだ後、引っ込んでしまった。ほどなく容態の悪化と、入院せずにヴァティカンに留《とど》まることが伝えられ、世界中で祈る信者に見守られる形で、次の土曜、四月二日に帰天した。二一世紀に入ってからの法王の壮絶な闘病と精神力は、墓場のようだと形容されながらも多くの人々の感動を誘い、老いや死と信仰について考えさせることになった。

遺体は巡礼者に公開されて、何百万人という人々が葬儀の前後にヴァティカンを訪れ、二四時間待ちという行列をなした。葬儀には世界中から国家元首が訪れた。ヨーロッパの首脳はもちろん、国連総長から厳格なイスラム主義国家であるサウジアラビアのプリンスやイランやシリアの大統領、東方の正教会、ユダヤ教や仏教など他宗教の代表までが駆けつけ、ヴァティカンが外交の舞台であるとともに、現代世界の平和の鍵を握る宗教間対話の場でもあることを物語っていた。出身国のポーランドはもちろんだが、社会主義国のキューバやイスラム優勢のエジプトまでが国喪に服して驚かされた。

その中で、国会会期中だったとはいえ、日本は、首相や皇族はおろか現職の大臣をだれひとり送らなかったのは驚きだった。ヨーロッパのテレビでは日本の皇太子（現天皇）が東京カテドラルを訪れたことが僅《わず》かながら報道されただけだった。法王の葬儀が重要な弔問外交の場であり、現地に行くことが政治家や国のイメージにとってどんなに大切な機会であるかを日本はまったく把握していなかったのだ。

二〇〇三年のイラク派兵の時にヨハネ＝パウロ二世に激しく譴責《けんせき》されていたアメリカからは、ブッシュ大統領父子とクリントン元大統領、コンドリーザ・ライス国務長官らがやってきて、しかも、葬儀の日の朝に到着した多くのヨーロッパ首脳よりも早く現地に入り、法王の遺体の前で全員そろって祈っている姿を全世界のメディアに見せつけた。イラク派兵ばかりではない。法王はキューバに対する経済封鎖を解くように、死刑を全面廃止するようになど、再三訴えていたのに、一顧だにしなかったアメリカの大統領たちが、ここぞとばかりいっせいに敬虔《けいけん》に頭《こうべ》を垂れて見せたのだ。宗教にこと寄せた政治的効果は計り知れない。

次いで、新法王ベネディクト（ベネディクトゥス）一六世が選ばれた就任のミサの時には、アメリカがだれを派遣したかというと、これも絶妙の人選だった。ブッシュ大統領の弟でフロリダ州知事のジェブ・ブッシュである。彼はメソジスト教会に属するＷＡＳＰ（ホワイト・アングロサクソン・プロテスタント）の出身でありながら、カトリックに改宗したコロンブス騎士会のメンバーなのだ。大手保険会社でもあるコロンブス騎士会は、一九世紀アメリカで結成された男性オンリーのカトリック信者団体で、一九〇万人の会員をかかえ、ローマ法王個人にあてて毎年二五〇〇万ドルにものぼる献金をしている。慈善、団結、兄弟愛、愛国主義という四つの大義をテーマにした秘密の入会儀式があり、白いフリーメイスンの異名がある。最高位騎士であるカール・アンダーソンの名からも分かるように、アメリカのカトリックの多数派であるヒスパニックやイタリア系移民とは少し違う。アングロ・サクソンのエスタブリッシュメントがカトリックになった時、プロテスタントのエスタブリッシュメントの各種グループとパラレルな組織を提供できる仕組みになっているのだ。この騎士会は一九八一年以来、寄付金を毎年ローマ法王に納めている。

考えてみると、欧米のキリスト教宗派マップには偶然の余地はあまりない。ハプスブルク家の本拠地ウィーンにルーツを持つ元カリフォルニア州知事シュワルツェネッガーには、アイルランド系のカトリックであるケネディ家出身の妻がいた。ブッシュの対立候補であったジョン・ケリーはアイルランド系カトリックで、その妻はポルトガル出身の敬虔なカトリックだ（ケリー候補が中絶法を支持したことでアメリカの枢機卿たちは破門勧告を出したが、ヴァティカンは曖昧《あいまい》な態度をとった）。ヨハネ＝パウロ二世の後を追うように逝去したカトリック国モナコのレーニエ大公が若き日に選んだのはただのアメリカ映画女優ではなく、グレース・ケリーというアイルランド系のカトリックだった。

逆に、ブレア元首相のように、自身は英国国教会に属していても妻がカトリック、公共の場の非宗教性を国策とするフランス大統領の妻が熱心なカトリックという場合や、ブッシュ家に改宗カトリックがいるような場合などは、それによってヴァティカンを通したイメージ操作も可能になる。

前世紀末に不安感をいたずらに煽《あお》るような一部の言説がキリスト教の終末観を不当に利用していた時、キリスト教最大宗派の首長であるローマ法王は一貫してポジティヴなアクションを続けてきた。その後、残念ながら二一世紀はイスラム過激派によるアメリカの同時多発テロとその報復戦争で幕を開けてしまった。それでも世界におけるアメリカ一極支配と貧富の差の拡大などの前で、ヨハネ＝パウロ二世は、老いと病にめげず、平和を願う信念を貫き続けた。

自由競争社会におけるモラルとは何なのかを問う時、ローマ法王の存在は計りしれなく重い。それを証明したのが、二〇〇五年の葬儀だったのだ。ローマ法王の重要性は日本人にとって盲点であるとすでに述べたが、結局、国際社会における日本の宗教的感性の欠如と視野の狭さは改善されていないままだ。

二六五代目に当たる新法王ベネディクト一六世は、アメリカのルーツであると共に対抗勢力であるヨーロッパの守護聖人ベネディクトの名を選んだ。二〇〇三年の米英イラク派兵に反対したドイツ、第二次大戦における日本の同盟国にして敗戦国であるドイツの出身でもある。ドイツは欧州連合への加盟を望むイスラム国トルコからの移民を多く抱えている国でもあり、全体としてはプロテスタントがカトリックより優勢な国でもある。長い間ヨハネ＝パウロ二世の右腕であり、世界中に中継されたその葬儀を仕切ったベネディクト一六世は、すでに四〇冊に及ぶ著作によって世に知られていた。彼がカトリック教会をどのように代表していくのかは、非常な注目を集めた。ヨハネ＝パウロ二世の治世の当初から比べると、ベネディクト一六世の代になった時点で、世界のカトリック人口は、絶対数としては増えている。世界人口の平均年齢はヨハネ＝パウロ二世の治世と同じ二六歳で、カトリック信者の平均年齢は二八歳だといわれる。ヨハネ＝パウロ二世は「世界青年の日」というカトリック信者の若者を集める定期的なイヴェントを始めて、大成功した。カトリック司祭の七五パーセントはアメリカ国籍だという。保守頑迷なのか若者に大人気なのか、アンチ・アメリカで反自由主義なのか若いアメリカから力を汲《く》み上げているのか、ローマ法王とはパラドクシカルな存在でもあるのだ。

　中国やインドという非キリスト教大国が躍進し、これまで国際社会の枠組みとして通用してきた欧米スタンダードのシステムに対して過激に異議申し立てをするイスラム原理主義者のもたらす深刻な危機もある。発展途上国における貧困と飢餓の問題も解決されていないし、先進地域においても、高度資本主義社会の中で新しい指標を求めて溺《おぼ》れかける人々がいて、それを取り込むさまざまなカルトが跋扈《ばっこ》するのも現状だ。このような不安定な時代の調停役として、豊富な歴史的経験を経て政治・外交のセンスと宗教的なセンスの二つを兼ね備えたカトリック教会ほどの適任はあるだろうか。ヴァティカンという独立国を代表する立場でありながら、領土的な野心も軍事的野心もなく、経済や産業的野心もなく、偏狭なナショナリズムに陥る心配も絶対にあり得ないローマ法王ほどに、世界中のすべての出来事のご意見番としてカリスマ性を発揮できる首長がいるだろうか。

逆に、大国がヴァティカンを無視し、世界の国々がローマ法王の言うことにまったく耳を傾けない日が来るとしたら、人々がみなそれぞれ「自分の神」しか見えなくなり、利益を追求する自由競争原理だけが地球を支配してしまうとしたら、それは人類の未来にとって非常に深刻な事態だと言えるだろう。しかし、ヨハネ＝パウロ二世の葬儀に世界中の宗教者や利害を異にする国の代表者たちが集まって敬意を表したのを見る限り、人類の平和や連帯への意志は消えていない。個々の利害を超えた共同の良心というものが存在し得るという希望がかいま見られたようだった。今やローマ法王ウォッチングは、グローバルな世紀の世界をよりよく生きる指針探しにもはや欠かせないと言っても言い過ぎではないのだ。

二〇〇五年、二六五代目に入ったローマ法王の、挑戦と冒険は、まだ、終わっていなかった。

第六章　ローマ法王と地球の未来

一般謁見するフランシスコ

†ベネディクト一六世の生前退位

二〇一三年の二月一一日、カトリック教会の最重要な典礼である復活祭を前にした四旬節に入る直前のことだった。在位八年になろうとするベネディクト一六世が同月二八日に退位すると表明した。三月末の復活祭には新法王が生まれることになるタイミングだった。

法王には前年春のキューバとメキシコ訪問以来の体調不良があったと言われ、任務を遂行する力が弱ったことがラテン語で述べられた。前任のローマ法王ヨハネ＝パウロ二世晩年の苦しい姿も記憶に新しい信徒たちは驚いた。ローマ法王の生前退位は一四一五年のグレゴリウス一二世以来のことだったからだ。しかも、その前のわずかな例も含めて、生前退位は教会内部の政治的、派閥的な対立が背景にあった。ベネディクト一六世は、自分の意思で退位を決めた最初の法王となったのだ。一九八三年の教会法によると、法王の退位の意思は誰からの承認、受理も必要としない。法王の指輪をカメルレンゴ（法王代理の枢機卿《すうききょう》）に返した後のベネディクト一六世は、いったんローマを後にして夏の居所に移った（その後はヴァティカン内の観想修道院で名誉法王として暮らしている。新法王は、ベネディクト一六世の存在を「家庭内の祖父」と譬《たと》え、いろいろなアドヴァイスをもらいに行っていると述べた）。

ベネディクト一六世が生前退位を選択した背景には健康状態以外に、彼が解決しえないと判断した複数の問題が存在したと言われる。そもそも、何世紀もイタリア人利権の中で悠々と営まれてきたヴァティカンにはさまざまな問題があった。経済の問題が大きいが、世界中のカトリック教会の中で噴出してきた同性愛の問題、児童への性的虐待の問題もある。イタリア人ではなかったヨハネ＝パウロ二世も、東西冷戦の終結が優先問題だったこともあり、「闇」の部分に手を付けることができないままだった。

ヴァティカンの経済システムの改革が並大抵でないのは当然だ。ムッソリーニがローマをヴァティカンから奪った時にも、かなりの賠償金が払われた。それがイギリスとアメリカに投資されて、その利益がヴァティカン市国の財源となり、いわゆる「ヴァティカン銀行」ができてからは架空口座が作り放題で、マフィアなどの裏金が集まるヴァティカン銀行はスイスやドイツの銀行にとっても大切な客だったと言われる。その他の大きな財源としては、スペイン系の「オプス・デイ」とメキシコの「キリスト軍団」とアメリカの「コロンブス騎士会」という三つが存在する。

ヴァティカン内で強力なロビーを形成するオプス・デイはさまざまな政治的経済的スキャンダルにもみまわれたが、創立者ホセマリア・エスクリバーは聖人とされ、オプス・デイも属人区になってローマに本部がある。

一九四一年にキリスト軍団を創立したマルシアル・マシエル神父はおじや大おじも聖人といういわば「聖人の家系」に生まれて、カトリック教会のために大奮闘した。一エスクリバーと同様、カトリックが迫害された時期にレジスタンスとして戦った。一方で神学生への性的虐待、娘をもうけた女性との同棲《どうせい》をはじめとしてありとあらゆるスキャンダルが明らかになり、二〇〇八年の死後にその事実が確認された。ベネディクト一六世がようやく修道会を法王代理の管轄下に置いた二〇一〇年の時点では、八六七人の司祭、二二六二人の神学生を擁し、二〇カ国以上で慈善活動、プレス、教育など社会事業を広げ、国連にもNGOとして認められている大組織だった。

二〇〇八年のリーマン・ショックの後の調査においてヴァティカン銀行が国際的なマネー・ロンダリング（資金洗浄）の一翼にあることが白日の下にさらされた。もともと学究肌で清廉潔白な人柄であるベネディクト一六世には、莫大《ばくだい》な金が動いている現実に対応する術《すべ》がなかったのかもしれない。ヴァティカンの財務に関わるポストは採用基準や経緯が透明ではなく、いつ誰がどんな縁故で配されたか把握することは非イタリア人法王にとってはさらに困難だったろう。ヨハネ＝パウロ二世は就任して間もなくメキシコでマルシアル・マシエルと会っている。キリスト軍団の資金は共産国と法王の戦い、特に故国ポーランドのソリダルノスチ（連帯）への支援に役立っただろう。当時すでにマルシアル・マシエルをめぐるスキャンダルは耳に入っていたが、ポーランドの全体主義政権で生きたヨハネ＝パウロ二世は、誹謗《ひぼう》中傷によって味方を分断するやり方をさんざん見ていたので慎重になったのだと言われている。レーガン大統領との共闘においてはアメリカのコロンブス騎士会が活躍したことは想像に難くない。

ヴァティカン内の同性愛者のロビーへの対応もベネディクト一六世の退位を促したと言われた。

退位の決意が発表された後、イタリアの左派系新聞『ラ・レプブリカ』で、共産党日刊紙の元編集長が、ベネディクト一六世は、三人の枢機卿によるレポートでヴァティカン内のゲイのロビーの存在を知り衝撃を受けてリタイアを決意した、という趣旨の記事を掲載し、それがまたたくまに世界中に流れた。そのレポートの実態は検証されて否定され、ヴァティカンも声明を出したものの、「ヴァティカン内のゲイのロビー」という言葉はヨーロッパのキリスト教国のメディアにとってはかっこうのキャッチコピーになるものなので、すぐに多くのカリカチュアや揶揄《やゆ》する記事が出た。同性愛者のロビーがあるなら異性愛者のロビーもあるだろうし、カトリックは司祭の独身や貞潔を求めていても、もって生まれた性的傾向までを審査することはない。が、二一世紀に至るまで同性愛者を排除していたアメリカの軍隊のようなピューリタン的な厳格さは実は少ない。しかもベネディクト一六世は法王になるまで教理省長官として二五年もヴァティカンに勤務していたのだから、ヴァティカン内のスキャンダルや噂にはある程度精通していたはずで、ゲイのロビーの存在がリタイアの引き金になるとは思えない。

とはいえ、ベネディクト一六世が、ヴァティカン銀行の改革も阻まれ、側近に内部文書をリークされ、迎え入れようと手を差しのべた教条主義者が「ユダヤ人の収容所にはガス室はない」という発言をしていたことも知らされていず、など、ヴァティカンの不透明性や裏切りやロビーの分断という状況の前で打ちのめされて疲弊していたことは充分あり得る。それらのすべてに対応する心身の限界が来たので後は適任者に任せたい、というのは事実だろう。それを疑ったり、実は院政なのだとか、突然ゲイのロビーが発覚したとか言いたてたりする理由は、全く見当たらなかった。しかも、ベネディクト一六世にはいわゆる教書とよばれる公式の文書だけではなく、多くの著作があるのでその信仰と理性の両輪をペアとする態度が常に一貫しているのは知られている。作家としてのスタイルも確立しているし、信仰に基づく内的体験も表現している。インタビューにもじっくり答えてきている。

これまでのローマ法王がめったに言及しないダンテの『天国篇』を引用し、ヘルマン・ヘッセを愛した。けれども、イタリアを含むヨーロッパ諸国のメディアには、ヴァティカンとの長く微妙な確執の歴史に由来するさまざまなバイアスがかかっている。

ところが、そのバイアスを理解しない日本のメディアの中には、大手の新聞でさえ、「バチカン、醜聞噴出　法王退位きっかけ」「同性愛で結ばれている」「権力闘争・汚職」などの安易な見出しをつけたものがあった。それはヨーロッパのメディアの煽情《せんじょう》的な見出しを訳したものだろう。とはいえ、まともな記事や信頼のおける情報も当然たくさんあるのだから、宗教記事のリテラシーが疑われる。日本ではもともとカトリックに対する関心が低いし、キリスト教人口も少ないので、法王辞任関連の記事が少ないこと自体は不思議でもなんでもないが、その少ない記事にわざわざ低レベルで無意味なものが紹介されるのでは、外交感覚にずれが生じるとしても不思議ではない。

†フランシスコ法王の登場

二〇一三年三月一三日の午後、五回目の投票で、新法王フランシスコが選出された。午後七時六分、白い煙が上がり、鐘が鳴り始めた。新法王が選出されて、それを受諾したという合図だ。雨もよいのサン・ピエトロ広場にはすでにかなりの人が集まっていたが、ローマ中から老いも若きも家族総出で駆けつける人がどんどん増えてきた。ヨハネ＝パウロ二世の死に続くベネディクト一六世の選出の時と違って「葬儀」の重々しさは引きずっていないから明るい雰囲気だ。みんなが大喜びで興奮している。巡礼団はそれぞれの国の国旗を振っている。ブラジルの旗が目立ち、「譬えは変ですけれどサッカーの選手権のような騒ぎです」とTVのレポーターが形容するほどだった。予測にはブラジル人枢機卿の名も挙がっていた。「VIVA IL PAPA（法王万歳）」の幕がすでにあちこちで振られている。これが大統領選の結果待ちなどなら、勝者が決まると同時に敗者の陣営も決まるわけだが、法王選は一体誰と誰が最終的に決定投票に残ったのかすら誰も知らない。ローマ法王の生前退位に触発されたかのように、この年、ヨーロッパの王室ではオランダ、ベルギー、翌年のスペインなど国王の「生前即位」が続いた。新王の即位なら、王位継承者が誰なのかはみなが知っているが、法王選出の場合は、白煙が上がってから名の発表までには一時間ほどのタイムラグがある。

この間に新法王はすべての枢機卿を祝福し、みなが祈り、新法王は嘆きの間と呼ばれる更衣室で自分の背負うことになる重荷を前にして一人泣くことになっている。

そして三種のサイズのある法王用の白服やら赤い靴を選んで着替えてからバルコニーに出ていくのだ。楽隊が大聖堂の前に進み、スイスの衛兵たちもそれに続く。

フランス人のトラン枢機卿が出てきて名前とフランシスコという新法王名を発表した。これまでローマ法王で一番多く使われた名は二三世までいる「ヨハネ」だ。新しい名によって、新法王は国籍などを超越した「ローマ司教」となるのだ。その人物はイタリア移民の両親を持つアルゼンチン枢機卿のホルヘ・マリオ・ベルゴリオだった。聞きなれない名に広場の人々は一瞬戸惑った。すると、笑みを浮かべた新法王が姿を現し、ローマ市民にローマ司教としてあいさつし、前ローマ司教のためにまず祈りましょうと言い、「私がみなさんを祝福する前に、神が私を祝福してくれるように祈ってください」と言った。法王に祝福してもらうのを待っている信者たちに、「祈ってください」と頼んだのだ。去る時にも、「おやすみなさい、みなさん、ゆっくり休んでください」と家族のように声をかけた新法王は化学、文学、哲学、神学を修め、スペインやドイツにも留学した碩学《せきがく》だけれど、その謙虚な人柄は一瞬で人々の心をつかんだ。中継で「カトリックという巨大組織の頂点に立つローマ法王というよりは、世界中の信者の司祭さんという感じですね」と述べたコメンテーターもいた。コンクラーヴェに入る前の評議会では今後の改革について政治的な議論がかわされたけれど、そこでもこのアルゼンチンのベルゴリオ枢機卿の真摯《しんし》さが際立っていたという。

信者数でいうと世界のカトリックの半数以上を占める南米大陸出身のはじめての法王の誕生は、カトリックの新しい時代の到来を期待させた。イエズス会士はじめての法王であることも注目された。イエズス会はその組織力や実行力やネットワークに優れているし、新法王はアルゼンチンの軍事独裁政権に対しても徹底的に抵抗してきた人だ。婚外子の洗礼を拒むアルゼンチンの司祭を批判したという柔軟な人間性も知られている。歴代法王初の「フランシスコ」という名は、清貧に徹して中世のカトリック界を刷新したアッシジのフランチェスコに由来する。ブエノスアイレスでも公用車に乗らずに公共機関を利用し、自炊をし、質素な暮らしを守り、いつも貧しい人の側に立っていたという新法王にふさわしい。

南米にはヨーロッパなどとは全く別のタイプの貧困があるから、それを現場で知っている人は強い。二〇〇一年の聖木曜日にブエノスアイレスの病院でエイズ患者一二人の足を洗った(最後の晩餐《ばんさん》の前にイエスが弟子たちの足を洗ったことに因《ちな》む洗足式)姿も何度も紹介された。

†革命的な法王

実際、就任後のフランシスコの人気は高まるばかりとなった。保守化が目立った晩年に病で苦しんだヨハネ＝パウロ二世や学者タイプでコミュニケーションが円滑にいかなかったベネディクト一六世の後で、ユーモアを忘れずシンプルに率直にものを言うフランシスコは、同時に、徹底的に弱者の側に立ち、どんな権力者をも忖度《そんたく》しないからだ。

就任前にはヴァティカンに常駐したことのないはじめての法王として、前任者には困難だった「改革」にもすぐさま乗り出した。就任一カ月後には、ホンジュラスのマラディアガ枢機卿を中心にした法王庁改革のための評議会を設置、関連基本法の改革も委託した。歴代法王の慣習である夏の別荘でのバカンスもとらずにヴァティカンに残り、六月にはヴァティカン銀行（ＩＯＲ）の腐敗を終わらせるための評議会を設置し、七月にはヴァティカン初の会計監査委員会を設置することを発表し、これまでの「イタリア式」の不透明なやり方を簡素化、合理化すると明らかにした。この三つの決定の他に、宿舎で挙げる毎日のミサの中で少しずつ、「外見だけの信者」や「酢漬けピーマン頭の司祭」などという言葉を使って批判し、続く七月にブラジルで開催された世界青年の日大会では何百万人もの若者たちを前にして、「カトリック教会はこれまで世界を自分の基準にのみ照らして裁くただの監視行政機関になってしまっていた」と批判した。そんなカトリック教会を不毛だとして多くの人が去っていったのは教会全体の責任であり、それらの人々のとった道と再び交わるように、信者も聖職者も教会から外へ出ていかなくてはならない、という。

法王は、若者たちの連帯に期待している、世界を変えるためには政治的にも社会的にも「現場」に関わるようにと言った。人生をバルコニーの上から眺めていてはいけない、社会を変えるために動け、イエスもそうした、と語った。教会を惰眠から覚醒《かくせい》しなくてはいけない、と。当時のブラジルは翌年のサッカー・ワールドカップ、その二年後のオリンピックの開催利権が、経済格差をより深刻なものにしていたのだ。リオからローマに戻る機内でも、ジャーナリストから同性愛者についての意見をたずねられ、自分にはそんなことをどうこういう権威などない、みな兄弟だ、という趣旨の答えをし、女性の役割の重要性もコメントしている。

このような忌憚《きたん》なき言葉は、エスタブリッシュメントとしてのカトリック保守派からは当然歓迎されなかった。前任者たちが成しえなかった「聖域なき改革」に手をつけたフランシスコは、実際、アメリカ最大のスポンサーであるコロンブス騎士会のジェブ・ブッシュなどをはっきり敵に回してしまった。フランシスコが選出されたことにはアメリカの民主党が関わっていたという陰謀論も生まれたほどだ。

それは日本のようにキリスト教がマイノリティである国と似ていなくもない。日本のカトリックの中には、「ミッションスクール出身のお嬢さま」が上流の男性と結婚した後、ブルジョワ教区の教会に通って社交に励んでいるというケースがある。そんな教区では「社会派」の司祭の話などはもちろん歓迎されないし、教会に政治を持ち込むなとも批判される。カトリック文化圏の国でも、カトリックがブルジョアや貴族のアイデンティティとなっている教区は少なくない。それなのに、カトリックのトップに立つ法王が、信徒に向けて、「教会を出ろ、辺境に行け、無関心の地に行け、政治を変え、社会を変えろ」と言いはじめた。それを一種のスキャンダルであるかのように受け止めた人々がいるのは無理もなかった。

だからと言ってフランシスコがいわゆる「革新」というわけではない。就任後、司祭の結婚を許可しろとか修道女の叙階を認めろなどという山のような手紙を受け取ったが、そんなことは本質的な問題ではない、と言い切っている。今や時代に合わない教会の設計思想を改革することは必要だが、それはより人間的な共感の精神、福音に拠《よ》るものでなくてはならない。現代社会に合わせて宗教をイデオロギー化することでもないし、「主との出会い」という超越を捨てた「自己啓発」のツールにするのでもない、と言っている。

実は、二人の前法王たちも同じことを言っていた。フランシスコの特徴は、同じことを実践して見せるところだ。リオへの往復では左手に膨れた黒い書類カバンをしっかりつかんで飛行機に乗った。一国の「元首」の公式旅行では絶対に見られない図だ。そのことをジャーナリストに指摘されて、「私はいつも旅行の時に自分のカバンを持っていた。普通です。普通じゃなきゃだめですよ！」と答えた。このような「言行一致」は、カトリックやキリスト教世界を超えてフランシスコの人気を増大させた。けれども前任者のように法王宮殿に住まず食事も絶対にひとりでとらないと決めたことについて、毒殺のリスクが減るから正解だ、と語る関係者もいる。キリスト教の根本にある「清貧」を貫いて生きるのはやはり革命的なことであって、いつ粛清されてもおかしくない危険をはらんでいるのかもしれない。二〇一九年には、アメリカのカトリック保守サイト「ライフサイトニュース」で、一九人の神学者たちが司教たちに向けてフランシスコ法王の異端を糾弾するよう署名運動を開始した。

それでもフランシスコの精力的な笑顔と行動は多くの人々を力づける。深刻な顔で「罪を悔い改めよ」とか「地獄に堕《お》ちる」などと叫ぶような「クリスチャン」を忌避する人々でも、フランシスコの裏表のない信仰の秘密を知りたくなる。フランシスコの説教は、人生を成功させる指針を語る「ハウツーもの」の言説とは似ても似つかない。悟りや、健康意識や、危機管理などのさまざまな戦略の成果ではないからだ。冷戦後にグローバル化した世界での「成果主義」とは逆の方向にある。信仰というのは自分を磨いたり高めたりパワーアップすることではなくて「自分の外」に出ることだとフランシスコは言い切っている。

†キューバとアメリカのローマ法王

就任から二年半経った二〇一五年九月、フランシスコはキューバとアメリカを訪問し、ローマ法王として初めてアメリカの議会や国連で演説した。前年の一〇月、アメリカとキューバの代表団がヴァティカンで国交回復の最終調整をした後だった。次の五月にはヴァティカンを訪れたキューバのラウル・カストロ（当時の最高指導者）とフランシスコは、互いの母国語であるスペイン語で一時間話し合った。その後の記者会見で、ラウル・カストロは、「自分は法王のすべてのスピーチを読んでいる、もし法王がこのように語り続けるならそのうち自分は祈りはじめて、カトリック教会に戻るだろう」と言った。共産党独裁の中国や北朝鮮はいわゆるキリスト教文化圏ではないから話は別だが、スペイン領から出発したキューバにとっては、自由主義世界から経済封鎖されて陥った袋小路から出る道のひとつがヴァティカンによる調停だったのだ。

キューバとの国交を一度も断絶したことがなく経済封鎖を弾劾していたヴァティカンは、それまでも表立っては共産党政府に対立することなく、改革を促していた。そのことは一部の信者を失望させ、共産党も苛立《いらだ》たせた。二〇一二年にキューバを訪問したベネディクト一六世も、敢《あ》えて、共産党離脱者たちと特別に会うことはせず、信教の自由を含む「抜本的な自由」の価値を説いただけだった。フランシスコは『ラウダト・シー』の回勅で新自由主義経済を厳しく批判している。けれどもその対極にあるはずのキューバの共産党政府はメディアを厳しく管理し、政治犯の取り締まりも厳しい。フランシスコはキューバ政府を直接に糾弾することはせず、「共産主義者」のような労使の対立批判にも与《くみ》せず、競争力のない人には企業や社会での居場所がなくなるという高度資本主義の現実を糾弾し、人々を励まし、弱者を支えるようにと呼びかけた。「キューバ革命の父」フィデル・カストロは妻子とともに自宅でフランシスコと歓談し、法王は、イエズス会系教育を受けたカストロに「神学の本」を贈呈したという。

法王の次の目的地が、キューバから「近くて遠い国」であるアメリカだった。

ローマ法王は、無神論が建前の共産党独裁のキューバと、先進国の中でもとびぬけて有神論が色濃いにもかかわらずウルトラ自由主義の逸脱がひどいアメリカという二つの国に橋を架け、連帯、助け合い、対話を掲げてその橋を渡ろうとする。キリスト教を建国のルーツとする「自由の国」であるはずのアメリカは、皮肉なことに、フランシスコにとってはキューバよりもリスクのある国だ。共和党の過半数はキューバへの経済封鎖継続派だし、法王の発言をボイコットすることを呼びかけている人もいた。「フォックスニュース」など保守派で反法王のメディアもある。「ローマ法王は中絶とイスラム教を弾劾しているだけでいいのだ」という彼らにとって、「神なき拝金主義」を批判するフランシスコはまことに「不都合な」客である。

二〇一五年当時のアメリカのカトリック事情も単純ではなかった。アメリカはもともとWASPが権力を掌握し、カトリック系移民が差別されていた国だが、ヒスパニック系人口の増加や市場経済至上主義も相まって、二一世紀の宗教事情は大きく変化していた。

たとえば、アメリカでは二〇〇七年以来カトリック人口が三〇〇万人減っている（五一〇〇万人）のにワシントンのセント・マシュー大聖堂に籍を置く信徒は二〇年で七〇〇家族から三一〇〇家族に増えたという。その内実は、ラテン語を多用して聖歌もラテン語で歌われる保守層向けの午前中のミサ、ゲイとレズビアン、バイセクシャルの信者を対象とした午後のミサなど、信者のニーズに応じてこまめに対応したことの成果だという。すなわち、信者を「顧客」「消費者」とみてマーケティングした結果、多様な形を「提供」しているわけで、ある意味では共同体ごとに分断していることになる。本来の普遍的なキリスト教から遠ざかっているようにも思えるが、長い間黒人教会と白人教会が分かれていたアメリカでは共同体主義が根強く残っているということだろう。ヒスパニックの多い南部は別として、他の地域ではカトリック信者夫妻の四組に一組が離婚する現状にも対応しなくてはいけないという事情もかかえている。

リベラルなカトリックは民主党に多く、長い間WASPの陰で苦労して居場所を築いたことで、「国への忠誠を誓う」姿勢をWASPよりもさらに強調してきた歴史がある。アメリカの市場経済至上主義や覇権主義、保守的な家族観の崩壊などにも異を唱えない傾向があるのはそのせいなのだろう。ジョージタウンのイエズス会の大学などは革新的すぎて、保守的であるがためにノートルダム大学に移ることを余儀なくされる教授もいるという。一方で、保守的なカトリック信者で第二ヴァティカン公会議以来、何がどうなったかよく分からないという旧世代には、「教義」や禁止事項について法王に明らかにしてもらいたい、と期待した。ローマ帝国が崩壊した時に各地の修道院がキリスト教文化やモラルを維持して後世に伝えることができたように、「アメリカ帝国」が崩壊しつつある今、家庭の価値を守るカトリックのコミュニティを維持することが重要だと考える人もいる。同時に「教会は聖人たちのホテルでなく、罪びとたちの病院なのだ」として、保守やリベラルを超えたフランシスコ法王のメッセージを期待する人もいる。

キリスト教最大宗派の首長であるフランシスコ法王の言動の意味は大きい。非キリスト教文化圏の人には、「西洋文化の傲慢《ごうまん》や独善」を、「他の神を排する一神教のメンタリティ」などと誤解する人がいるけれど、人類にかなり普遍的なメンタリティである「力を得ると傲慢になり独善に陥る」傾向の歯止めになろうとするのがキリスト教でもあるのだ。

そんなフランシスコのアメリカ議会での演説では、激しさは緩和されていた。まず、自分もまた「アメリカ大陸の子」であることを強調して共感的に語り始めた。これまでヨーロッパの旧大陸の法王の「上から目線」はやり過ごしてきた北アメリカだが、「南米出身の法王には叱責《しっせき》されたくない」という気持ちがあるかもしれないことを鑑《かんが》みると賢明なアプローチだった。公式のテキストにはあった「政治が真に（人格としての）人々に奉仕するべきものならば、経済や金融に屈服するべきではない」というフレーズは、敢えて読まれなかった。

善と悪のような二元論を避けること、二元論的に「保守と革新」、「自由主義と共産主義」、「宗教と無神論」などといって対立したり排斥したりしあっている者たちの間に橋をかけることがローマ法王の使命なのだから、キューバで政府の人権弾圧を直接非難しなかったようにアメリカの新自由主義経済も直接には非難しないわけだ。正論によって追い詰めない、というのはフランシスコの一貫したやり方で、プラグマティズムと福音主義がうまく両立しているとも言える。

その代わりに、アメリカの伝統的な建国の精神に訴えた。先住民を殺したとか差別したとかは言わないで、アメリカは金の上に築かれたのではなく兄弟愛と連帯のもとに生まれたのだ、と述べ、そのような真のアメリカ精神を体現する四人を挙げた。リンカーンとキング牧師は奴隷解放と黒人差別撤廃の努力で分かりやすいが、後の二人が、プロテスタントの生まれだけれど無神論的で共産主義に共感して社会運動に取り組んだ後でカトリックに改宗したトーマス・マートンとドロシー・デイという取り合わせで巧妙だ。

トーマス・マートン神父はトラピスト修道士で、第二ヴァティカン公会議以降の仏教との対話でも知られる。ドロシー・デイはフェミニストでもあり、デモに参加して七〇代で逮捕されるなど過激な社会運動家であるけれど、列福調査が始まっているくらいだから、「模範的なカトリック」であることは確かだ。家族の重要性やエコロジーについて語った時も含めて、演説の途中に何度もスタンディングオベーションが起こった。中絶に反対するアメリカのカトリック保守勢力が死刑には反対しないことの矛盾にそれとはなしに触れた時には、死刑制度の批判を予測していた議員らの拍手が半分になった。それでも、アメリカ滞在中の法王は「アイドル」「ロックスター」などと呼ばれて、沿道でも歓声に包まれた。

†トランプ大統領とローマ法王

オバマ大統領は、アメリカをはじめて訪れたフランシスコに共感とリスペクトの表明を惜しまなかった。けれどもその翌年には、次期大統領選の予備選挙が始まり、「メキシコ国境に壁を造る」というドナルド・トランプは法王と対立せざるを得なかった。二〇一六年の二月のことだ。

まず、メキシコ訪問を前にして、キューバのハバナ空港でフランシスコとロシア正教のキリル総主教が約二時間の会談を行うことがわずか一週間前に公表された。二人は互いの目を見つめ合い、「私たちは兄弟です」と宣言した。一〇五四年に互いに破門しあってから、東方正教会とカトリック教会は長い間互いを敵視してきた。パウロ六世時代にコンスタンティノープル大主教とは和解して破門を解き合ったものの、ロシア正教とだけは出会いが拒否されていた。ところが、中近東のキリスト教徒たちが正教、ギリシア・カトリック（ラテン語で典礼）などを問わず、「キリスト教徒」というくくりでイスラム過激派に殺害されたり追われたりしている時代に突入し、キリスト教諸派が分裂している場合ではないという危機感が高まった。「血のエキュメニズム（教会一致）」という言葉が生まれ、ロシア正教徒の歩み寄りが実現したのだ。

フランシスコはそのハバナを経由してメキシコ（カトリック信者数はブラジルに次いで世界第二位）に入った。各地で熱狂的に迎えられた後、「移民ルート」を通ってアメリカとの国境地帯を視察した。テキサスとの国境に近い地帯が、中南米各地から押し寄せる移民やギャング、マフィアの無法地帯になっていることはよく知られている。

カトリックは基本的に「国境」を認めない。貧しい者、危険にさらされている者がより富める者やより安全な場所に身を寄せるのは当然で、「弱者にキリストを見る」ことこそキリスト教の奥義だからだ。メキシコから帰る飛行機の中で、フランシスコは、ドナルド・トランプの難民拒否（メキシコとの国境に壁を造ってメキシコにそれを支払わせると公約）を糾弾し、「橋を築くことなしに壁を造ろうとする者はキリスト者ではない」と、断言した。「投票しろとかしないとかは言わない。ただ彼はキリスト者ではないというだけだ」と語った。これを受けた反トランプのNYデイリー・ニューズが翌朝の一面で、「トランプはアンティクリスト」だと報じ、怒ったトランプは「もしヴァティカンが『イスラム国』に攻撃されたら法王は後悔し、ドナルド・トランプが大統領になりますようにと祈る、と私は約束する！　宗教のリーダーが個人の信仰を裁くなどとは恥ずべきことだ」とぶち上げた。ところが、この時点でフランシスコに対する人気調査ではトランプの共和党支持派（六七パーセント）よりも民主党（八〇パーセント）支持派の方が高かった。さすがにまずいと思ったのか、同日夜のCNN放送で、トランプは突然意見を変え、「法王はすばらしい人物で、法王とやり合いたくない。彼のパーソナリティ、彼が体現するものを愛しているし、その役割をリスペクトする」という趣旨の発言をしている。

トランプは、プロテスタントの伝統的な「長老派」で、人気の「福音派」ではないが「神や聖書を信じている」ことをアピールすることがアメリカでは必要だという二〇世紀タイプの人である。一方、民主党側の予備選で当時票を伸ばしていたバーニー・サンダースはユダヤ人移民の子孫で無神論者という二〇世紀のアメリカでは考えられなかったような大統領候補だ。もちろん無神論者だというだけではまずく、無神論なら「社会主義者」でなくては「政治的公正」が保てない。キリスト教文化が包含していた社会政策やユニヴァーサルな福祉を、神を捨てて継承したのが「社会主義」だからだ。

アングロサクソン的なプロテスタントが任意の「慈善」の形で囲い込んだ弱者救済を、ローマ法王フランシスコはメイン・メッセージとしている。それを考えると、法王のファンとサンダース支持者が重なってもおかしくない。しかも、トランプは、当時サウスカロライナの予備選を前にしていた。

ライバルだったジェブ・ブッシュは予備選を辞退してしまっていた。「大統領の家系」で人脈も金脈も絶大な上にカトリックで妻がメキシコ人、ヒスパニックにも受けそうなブッシュだが、ローマ法王をまっこうから攻撃する矛盾に直面した。フランシスコが、貧困を生む新自由主義経済を糾弾し、環境破壊も金の崇拝と大企業のエゴイズムのせいだと非難したからだ。一方のトランプは、いかにもなエスタブリッシュメント・プロテスタントであるが、三年前にフランシスコが法王に選出された時には「僕と同じように謙虚な人、似ているから好きだ」というツイートを発して、ご都合主義な好意を表明していた。そんなところが「ポピュリズム」の真骨頂であり、「ローマ法王」というのは「神」と同じで使い勝手がよく選挙戦にも有効なアイテムだったのだろう。ジェブ・ブッシュは甘かった。

結局、大方の予想を裏切ってトランプ大統領が誕生し、オバマ大統領時代の国際合意を次々と覆し、地球温暖化を否定するなどして環境問題の取り組みも後退させた。それに力を得たかのように、世界的に「自国ファースト」と「移民排除」の動きが強まった。「次の選挙」のための票と資金を獲得するために選挙民の顔色を窺《うかが》い富裕層の要望に応《こた》える必要のある政治家たちが焦る中で、任期もなければ子孫もないローマ法王の戦い方は一貫している。

†フランシスコのこれから

就任早々、特別の枢機卿評議会を組んで、ヴァティカンの近代化に取り組んだフランシスコだが、代々のイタリアの貴族や名家が作ってきたヴァティカンの体質の強固さはアルゼンチン出身の法王の想像を超えるものだった。法王庁の人員を削り、より機能的にして、ビューロクラシーや教権主義や出世主義も排して刷新し、中央よりも地方の教会に仕える体質に変えることなど一朝一夕でできるものではない。

就任五年後の二〇一八年の時点で、とりあえず、それまでの「正義と平和評議会」

「開発援助促進評議会」「移住・移動者司牧評議会」および「保健従事者評議会」を統合して「全的人間開発のための部署 Dicastery for Promoting Integral Human Development」という上位部署とし、「信徒評議会」と「家庭評議会」を統合した「信徒・家庭・いのちの部署」、そして、「ヴァティカンのメディアと広報のシステム再編のための広報部署」という三つの新設が整った。最初のものは、移民、助けを必要とする人、病者、迫害を受けている人、服役者、失業者、紛争や自然災害、奴隷状態や拷問の被害者らのために働くというキリスト教の背骨の部分だ。核抑止力の有効性否定、エコロジー問題などを通して、「弱い立場の人」の支援は全地球的で有機的な視点なしには真に有効なものにはならない、という意味だろう。法王庁の内部改革に手腕を発揮できる法王助祭を任命することで守備範囲を分けていくことになるだろう。

フランシスコが目指す世界平和と環境保全の取り組みには、カトリック教会ならではのパフォーマンスが含まれる。その一つが列福、列聖システムだ。ヨハネ＝パウロ二世は前述したように、その在世中に福者、聖人を大量に認定し、それを確認するかのように自分自身も聖人の列に加わった（二〇一一年ベネディクト一六世が列福、二〇一四年フランシスコが列聖）。

ヨハネ＝パウロ二世やマザー・テレサのように世界的に平和への貢献を生前に広く

認められた場合は別として、列福列聖には通常、「死後数十年や数世紀にわたるかなりの時間のずれがある。世俗の世界での「時の権力者」はすでに代替わりしているから、外交的政治的な直接の圧力をかけずに、福者聖人の認定に外交的なメッセージを託すことが可能なのだ。ベネディクト一六世は、二〇一二年の一〇月、一七世紀の北米先住民の女性をはじめて聖人とした。カナダのイエズス会士に洗礼を受けた「モホーク族のユリ」と呼ばれるカテリ・テカウィザだ（列福したのはヨハネ＝パウロ二世）。同時に列聖されたのは同じく一七世紀に一八歳でスペイン人宣教師と共に殉教したフィリピン人や、一九世紀にマダガスカルで宣教したフランス人イエズス会士、在俗フランシスコ会（第三会）でハワイでハンセン病患者の世話をしたドイツ系アメリカ人女性、女性教育に貢献したスペインの修道女など、多様な時代と場所に関わる面々で、列聖式が行われたヴァティカンには北米先住民を初め八万人がやってきて、「神にすべてをささげ、同胞への惜しみない奉仕をした」と新聖人を讃《たた》える法王の言葉を聞いた。

二〇一五年五月にはフランシスコが、一九世紀の修道女二人をパレスティナ人として初めて聖人の列に加えた。イスラム過激派や原理主義者から弾圧され迫害されているオリエントのキリスト教徒へのはげましと中東和平を視野に入れた政治的なパフォーマンスでもある。オスマン帝国支配下のエルサレムで生まれ聖母の声を聞いてアラブの女性教育と奉仕活動に尽くした人と、ガリラヤ生まれで、喉《のど》を掻《か》き切られた後で蘇生し、フランスで修道女となってベツレヘムのカルメル会修道院設立に尽力した人だ。ヴァティカンでのこの二人の列聖ミサには、二〇〇〇人以上のパレスティナ人が集まり、自治政府のアッバス議長も出席し、「法王とカトリック教会が、パレスティナで育った美徳の種に目を向け、関心を向けてくれたことに感謝する。パレスティナは戦争の地ではない。聖なる美徳の地であり、そうあることが神の意思だった」と述べた。

「聖人崇敬」は中世的でアナクロニックな迷信とは程遠い。時代や国を超えて平和のメッセージをメディアで世界中に伝えることができる列福列聖のシステムは、ローマ法王が駆使できる外交装置としての重要性を増していると言えるだろう。

フランシスコが旧大陸ヨーロッパに向けるメッセージで最も物議をかもしたのが「難民受け入れ」の奨励だった。ドイツのルター派牧師の娘であったキリスト教民主同盟のメルケル首相はフランシスコと親しく会談し、二〇一五年夏以来、中東・北アフリカから難民認定希望者を一〇〇万人受け入れると主導したが、それが反発を受けて退任発表に追い込まれた。イタリア、ハンガリー、ポーランド、オーストリアという伝統的なカトリック文化圏の国でも、国境を再建し移民を制限する保守政権が続々と登場しつつある。ベネディクト一六世の出身地であるバイエルン州議会選挙でも、二〇一八年にはメルケル首相を支援する与党のキリスト教社会同盟が大敗して極右政党が躍進した。

アルゼンチンから来たフランシスコには、ヨーロッパ人の対難民感情の機微が分からないなどと言われている。二〇一九年五月、ブルガリアを訪問した時、ブルガリア正教のアレクサンドル・ネフスキー大聖堂の中で、正教とカトリックの共通の聖人である聖キュリロス（キリル）の祭壇で祈った時、ブルガリアの総主教は出席しなかった。教会分裂が回復していないと見なされているだけではなく、法王の難民受け入れの立場も政治的に反感を持たれている。EUのメンバーであるブルガリアからは若者がどんどん西ヨーロッパへ移動して労働人口が減っていることが社会問題なのに、法王はアフガニスタンの難民を受け入れろというからだ。ブルガリアやハンガリーが過去にオスマン帝国の支配から受けたトラウマの歴史が実感として理解されないという不満もある。東欧はポーランドも含め、二世紀にわたって、オスマン帝国、ゲルマン帝国（オーストリア＝ハンガリー帝国）、ソ連という覇権国から次々支配とされてきた。

そのために、EUから経済的な恩恵は受けながら、「EU帝国」から牛耳られることに抵抗があるのだ。そんな彼らにとってローマ法王は良くも悪くも西ヨーロッパのシンボルであるから感情は錯綜《さくそう》する。

フランシスコは二〇一四年六月に、イスラエル大統領とパレスティナの議長を招待して三人でヴァティカンで平和のために祈ることを実現した。二〇一六年一月にはイランのロウハーニー大統領がヴァティカンを訪問した（すでにアフマディーネジャード前大統領はベネディクト一六世を迎える希望を表明していた）。フランシスコは二〇一九年二月にはアラブ首長国を訪問し、アラビア半島を訪れた最初のローマ法王となった。二〇一八年一〇月にカトリック信徒である韓国大統領が、金正恩《キムジョンウン》による「ローマ法王を招待する、熱烈歓迎する」という言葉を法王に取り次いだこともニュースになった。

フランシスコは二〇一四年に最初のアジア訪問先として韓国を選んだ。もともと韓国はキリスト教の人口が多く、カトリックも重要なポジションだ。二〇一四年は朴槿《パク》恵《ネ》大統領の時代で、彼女はミッションスクールで学び中学生の時にカトリックの洗礼を受けている。その後の文在寅《ムンジェイン》大統領はさらに信仰篤《あつ》いカトリックとして知られていて、法王の「対話外交」にインスパイアされていると言われ、就任後すぐにヴァティカンを訪れている。金委員長との三度目の会談には韓国司教会議議長でもある光州《こうしゅう》大司教を同行し、法王に平和のメッセージを知ってほしいと金委員長から伝えられたという。

北朝鮮とヴァティカンにはもちろん外交関係はなく、公式には無神論体制で宗教は完全に国家に統制されているが、ヴァティカンの外交官と北朝鮮の代表者は非公式にすでに何度か話し合っているそうだ。

二〇世紀はじめには「アジアのエルサレム」とまで呼ばれた首都平壌《ピョンヤン》の中心地にある唯一の教会の香《こう》部屋にはローマを訪れた韓国人の信徒たちがヨハネ＝パウロ二世と握手している写真が掲げられているという。韓国教会の司教や司祭たちもこの教会を訪問しているし、何よりも、人道支援の交流で活躍している。二〇一七年には北朝鮮の外交官が、「カトリックの人道団体の支援活動は、スパイを送り込む他の大手人道組織よりも正直で真摯で効率よく、いい仕事をしている」とフランスのカトリック・ジャーナリストに語った。宣教司祭たちは北朝鮮の医師などと宗教について語ることもあるが当然「宣教」「布教」は禁じられている。今の法王の考えは布教でなく相互理解、対話、平和共存が優先なので、「秘密の布教」をする必要も心配もないわけだ。

法王のところにはすでに中国からも台湾からも正式な招待状が届いている。どのような形であれ、ローマ法王が東アジアの平和の使者となれるかどうかは各国の外交センスにかかっているのだ。

†ローマ法王と神とエコロジー

世界には様々な危機的状況がある。領土を失った二〇世紀以来のローマ法王は、それでも近代世界の覇権者である「西洋」のシンボルとして状況打開の役割を期待され、模索してきた。なかでも、その根本にあるのが、実は、二〇世紀末からエコロジーという言葉で意識化された地球環境破壊への警告だ。

自然擁護をめぐる言説には、「多神教、アニミズムの風土では人と自然と共存するのに、神の似姿である人間が他の自然を管理、支配するという一神教文化が自然破壊をもたらした」という類《たぐい》の批判がある。実際は、自然を「神々の支配する場所」と考える多神教と違って、一神教は自然も人間も「同じ被造物」としての共存を認めている。「ノアの箱舟」にはすべての動物を救う使命が課せられた。人間を神の似姿とするのは、本来、自分を含めたすべての被造物を守る使命の自覚なのだ。ところが、人間は、時には「神や神々の怒り」だととらえられてきた無数の自然災害や被害を克服するために努力し工夫を重ねて戦ってきた末に、ついには、自然を支配できるという全能感を得てしまった。実際は人間の統制できる自然など極微に過ぎないのだけれど、局地的には、「文明」の人工物で埋められて目を眩《くら》ませる「大都市」を次々と「創造」してきた。さらに、誕生や死という最後の「自然の驚異」の領域も統御しようと危険なゾーンに足を踏み入れ、人工知能は「人格」領域を侵そうとしている。それを推し進めるために巨額の金が費やされ、資本が資本を生むシステムの中で、弱者の尊厳も存在も、容赦なく切り捨てられていく。その「弱者」の中には、途上国の人たち、女性、子供、少数民族、障害を持つ人、性的マイノリティ、病人、高齢者などだけでなく、淘汰《とうた》されていく無数のもの言えぬ動物や植物が含まれている。

その中には特定の「差別」を解消するために連帯して声を上げることのできる「相対的に力のある共同体」もあるから、「権利向上」に一定の成果をあげているグループは存在する。けれども、実は、生産性や費用対効果の論理で弱者を軽視したり切り捨てたりするすべての力は、地球全体の「生命」の破壊へと向かっている。その自覚がエコロジーの重要性を広く訴えることにつながった。

環境破壊も、すべての「差別」も、その根源には、古代に成立した「父権制社会」のシステムがあり、家長主義的な搾取がある。それを解消するには、非階層的な「天地創造」の世界を標榜《ひょうぼう》する必要がある。エコロジーの守護聖人であるアッシジのフランチェスコは、太陽も月もすべての自然は兄弟姉妹であり、被造物として同胞であるとした。法王がそのフランシスコの名を選んだのは全ての「弱者」を含む環境保全への強い意志の表れだ。

皮肉なことに、法王は「聖父」「パパさま」と呼ばれる。カトリックの聖職者もみな「ファーザー（父）」と呼ばれ日本語では「神父」とさえ呼ばれる。「身分」によって猊下《げいか》、閣下などの敬称も決まっている。人や生命の上下を区別しない非階層的で水平的な「同胞」愛を語るには苦しい。そもそもキリスト教の根幹にある三位一体の「父と子と聖霊」のイメージそのものが世俗政権の中で「父権制社会」を担保してきた歴史がある。とはいえ、カトリックの内部でも、これまで「父」を頂点にしたイメージの三位一体の形を語り直す試みが進んでいる。父と子と聖霊は三つの別のペルソナの関係ではなく、互いに混ざり合って動き、流れ、全ての被造物と共に躍るダイナミズムそのものだという考えだ。

これは意外にも、ファシズム的資本主義が広がるアメリカから始まった。二〇世紀後半のニューエイジのころから始まった東洋宗教や瞑想《めいそう》ブームを経て、自助努力・自己啓発の行き過ぎへの反発としてマインドフルネス（瞑想法の一種）などが大衆化した社会だからこそ受け入れられたと言える。「一切衆生」から「山川草木」まですべて仏性を有するという仏教的汎神論《はんしんろん》のイメージをさらに進め、「躍動する三位一体」

が、宇宙も地球も含めた全被創造物と共に生き、生かしていると語るリチャード・ロアの『神のダンス』などの多くの著作は宗教や宗派を超えてベストセラーとなった。ニュー・メキシコ州のフランシスコ会士であるロア神父は、普遍的な神秘体験に基づく実践を唱え、インターネットを通して世界中の何十万人という人々に毎日の瞑想テーマを配信している。

そもそも被造物として同胞であるはずの人間社会での父権的権威を否定したのがイエス・キリストだった。「あなたがたも知っているように、異邦人の間では支配者たちが民を支配し、偉い人たちが権力を振るっている。しかし、あなたがたの間では、そうであってはならない。あなたがたの中で偉くなりたい者は、皆に仕える者になり、いちばん上になりたい者は、皆の僕《しもべ》になりなさい。人の子（イエス）が、仕えられるためではなく仕えるために、また、多くの人の身代金として自分の命を献《ささ》げるために来たのと同じように」（マタイ二〇－二五～二八。以下、引用は新共同訳より）と述べ、「また、地上の者を『父』と呼んではならない。あなたがたの父は天の父おひとりだけだ。『教師』と呼ばれてもいけない。あなたがたの教師はキリスト一人だけである。あなたがたのうちでいちばん偉い人は、仕える者になりなさい」（同二三－九～一二）というメッセージはキリスト教の根幹にある。

人類が大気や自然を侵害し弱者や少数者を支配してきた歴史の負債を連帯して返済するための最大の壁である「父権制社会」の上下構造を、世界最大宗派の頂点にある聖「父」ローマ法王がどのように解体できるのか、その挑戦を見守っていきたい。

「わたしたちの後に続く人々、また今成長しつつある子供たちのために、わたしたちは一体どのような世界を残していきたいのでしょうか」とフランシスコは回勅（ラウダート・シ 160）で述べた。

ヨハネ＝パウロ二世が唱えた、いわゆる「環境的回心」を継承するものだ。環境とは、市場のメカニズムが保護できない財産で、暴力や搾取、エゴイズムの論理を打ち砕く一人一人の日常的な自覚だけが「統合的なエコロジー」に結びつくという。

二〇世紀の第二ヴァティカン公会議で「信教の自由」について宣言したことだけでも、カトリック教会の成熟さに感心したものだけれど、エコロジーに関する二一世紀の回勅では、さらにグローバルな視点に驚かされた。しかも、南半球出身の初めてのローマ法王として、「真の環境的負債」が、世界の南よりも北において存在していることを指摘した。近代以降の「欧米」の経済力と軍事力と技術力が自然を征服し、人間を搾取し、支配する流れをつくったということだ。

二〇世紀末にこの本をちくま新書から出した時は、世紀末の終末論的な言説が横行していた。二度の世界大戦をくぐり抜けた後の冷戦時代には核戦争による人類絶滅の恐怖が高まり、冷戦が終わると歯止めのない競争社会が価値やモラルを相対化しはじめた。そんな不穏な世紀末に、欧米の近現代の激動を生き延びたカトリック教会が新しい形で「希望」を説いていることに救いを感じて、時間の流れが違うヴァティカンや、東欧出身のヨハネ゠パウロ二世の活躍を紹介することができた。

けれども、新世紀が始まるとすぐにアメリカで同時多発テロが起き、経済格差の広がる世界で暴力がはびこり戦争が次々に起こった。そんな時に、突如としてドイツ人法王を登場させたカトリック教会の新機軸にまた感心して、ベネディクト一六世に至る新章を加えたのが、中公文庫版だった。そのベネディクト一六世がまさかの生前退位を表明して、アルゼンチンのベルゴリオ枢機卿《すうききよう》がフランシスコ法王となり、その率直さと謙虚な人柄と親しみやすさでまたたく間に世界中の人気者になった。それだけではない、環境破壊における先進国の責任を指摘することを恐れず、ぶれない正論を堂々と発し続けたのだ。

世界に紛争は絶えないけれど、二一世紀の日本で生きづらさを訴える人々は、見かけの「平和」の中で、二〇世紀末とは別の種類の危機、自分の尊厳を見失う危機に面している。フランシスコは環境破壊に警鐘を鳴らしながら、環境問題は、人間・家庭・労働・都市、そして一人ひとりの自分自身との関係と切り離すことができないと強調する。もはや「宗教」の域を超えて、「すべての人」が尊厳をもって生きることができるようにと、「すべての人」の良心に呼びかけているのだ。その「回心」は特定宗教への帰依ではなく、生産や消費や労働に関わるライフスタイル全般の変革を促すものにほかならない。

費用対効果の計算ばかりでモラルが消滅していく世界には、ポピュリストと呼ばれる民衆迎合型の政治家や、自分を神格化して周りを服従させる全体主義型の政治家が続々と登場している。その中で、フランシスコは、隣人に対する優しさや共感、配慮に基づいた全自然との交わりの大切さを説き、しかも、その声が、ローマ・カトリックという世界最大宗派のネットワークを経由するばかりか国際外交の隅々まで届くという稀有《けう》なカリスマである。今回の角川ソフィア文庫版では、そんなフランシスコの足跡をたどる新章を付け加えることで、もう一度希望のメッセージを届けたいという思いがかなった。

世間のニュースを見聞すると、テロリズムや難民問題、環境破壊に伴う災害など深刻な話題で絶望させられることが多い。あるいはそういうことから敢《あ》えて目をそらし、身近な弱者を支配したり揶揄したり、逆に嫉妬や憎しみの罠に囚われたり、刹那《せつな》的な欲望の充足とその裏側にある不満や不安の連鎖に縛られたりする人々の姿が見えてくる。でも、フランシスコは言っている。「まだ、すべてが失われたわけではありません。なぜなら、人間は最悪の状態に陥る可能性もありますが、課せられた全ての精神的社会的条件付けを超えて、それを克服することも、再び善を選択することも、再生することもできるのです(ラウダート・シ205)」。

ローマ法王というはるか彼方《かなた》の存在から発せられるこんな言葉が、こんなに身近に響いて来る時代に私たちは生きている。

「次の世代にどのような世界を残していきたいのか」を考える一助となるチャンスをこの本に与えてくださった方々に感謝します。

竹下　節子

二〇一九年九月

歴代法王表

・法王名、出身地（国籍）、即位年（月）、退位（＝通常は死亡）年（月）の順に記す。
・13代のエレウテリウスまでは即位・退位の年代が不確実である。
・典礼上ではシルヴェステル1世より前のすべての法王は殉教聖者とみなされ、シルヴェステル1世からフェリクス4世までは聖人とみなされている。
・法王の正統性をめぐって、文献上の異同や歴史学上の異説もある。

1 **聖ペトロ**（ペテロ、本名シモン・バルヨナ；ガリラヤ）64または67年没
2 **聖リヌス**（トスカナ）67-76
3 **聖アナクレトゥス**（別称クレトゥス；ローマ）76-88
4 **聖クレメンス1世**（ローマ）88-97
5 **聖エヴァリストゥス**（ギリシア）97-105
6 **聖アレクサンデル1世**（ローマ）105-115
7 **聖シクストゥス1世**（ローマ）115-125
8 **聖テレスフォルス**（ギリシア）125-136
9 **聖ヒギヌス**（ギリシア）136-140
10 **聖ピウス1世**（アクィレイア）140-155
11 **聖アニケトゥス**（シリア）155-166
12 **聖ソテル**（カンパニア）166-175
13 **聖エレウテリウス**（エピロスのニコポリス）175-189
14 **聖ヴィクトル1世**（アフリカ）189-199
15 **聖ゼフィリヌス**（ローマ）199-217
16 **聖カリストゥス1世**（ローマ）217-222
17 **聖ウルバヌス1世**（ローマ）222-230
18 **聖ポンティアヌス**（ローマ）230-235

19 **聖アンテルス**（ギリシア）235-236
20 **聖ファビアヌス**（ローマ）236-250
21 **聖コルネリウス**（ローマ）251-253
22 **聖ルキウス**（ローマ）253-254
23 **聖ステファヌス1世**（ローマ）254-257
24 **聖シクストゥス2世**（ギリシア）257-258
25 聖ディオニシウス 260-268
26 **聖フェリクス1世**（ローマ）269-274
27 **聖エウティキアヌス**（ルーニ）275-283
28 **聖カイウス**（ダルマティア）283-296
29 **聖マルケリヌス**（ローマ）296-304
30 **聖マルケルス1世**（ローマ）308-309
31 **聖エウセビワス**（ギリシア）309または310.4-309または310.8
32 **聖メルキアデス**（別称ミルティアデス；アフリカ）311-314〔313 ミラノ勅令でキリスト教公認〕
33 **聖シルヴェステル1世**（ローマ）314-335〔325 第一ニカイア公会議、330 コンスタンティノープルに遷都〕
34 **聖マルクス**（ローマ）336
35 **聖ユリウス1世**（ローマ）337-352〔343 ソフィア公会議〕
36 **リベリウス**（ローマ）352-366
37 **聖ダマシウス**（ダマスス）**1世**（スペイン）366-384〔381 第一コンスタンティノープル公会議〕
38 **聖シリキウス**（ローマ）384-399〔395 ローマ帝国東西分裂〕
39 **聖アナスタシウス1世**（ローマ）399-401
40 **聖イノケンティウス**（インノケンティウス）**1世**（アルバノ）401-417
41 **聖ゾシムス**（ギリシア）417-418
42 **聖ボニファティウス1世**（ローマ）418-422
43 **聖ケレスティヌス1世**（カンパニア）422-432〔431 エフェソス公会議〕
44 **聖シクストゥス3世**（ローマ）432-440
45 **聖レオ1世**（大）（トスカナ）440-461〔451 カルケドン公会議〕

46 聖ヒラリウス（ヒラルス）（サルディニア）461-468
47 聖シンプリキウス（ティーボリ）468-483
48 聖フェリクス３世（２世）（ローマ）483-492
49 聖ゲラシウス１世（アフリカ）492-496〔496　フランク王クローヴィス受礼〕
50 アナスタシウス２世（ローマ）496-498
51 聖シンマクス（サルディニア）498-514
52 聖ホルミスダス（ホルミダス）（フロシノーネ）514-523
53 聖ヨハネ（ヨハネス）１世殉教者（トスカナ）523-526
54 聖フェリクス４世（３世）（サムニウム）526-530
55 ボニファティウス２世（ローマ）530-532
56 ヨハネ２世（ローマ）533-535
57 聖アガペトゥス１世（ローマ）535-536
58 聖シルヴェリウス殉教者（カンパニア）536-537
59 ヴィギリウス（ローマ）537-555〔553　第二コンスタンティノープル公会議〕
60 ペラギウス１世（ローマ）556-561
61 ヨハネ３世（ローマ）561-574
62 ベネディクトゥス１世（ローマ）575-579
63 ペラギウス２世（ローマ）579-590
64 聖グレゴリウス１世（大）（ローマ）590-604
65 サビニアヌス（トスカナ）604-606
66 ボニファティウス３世（ローマ）607
67 聖ボニファティウス４世（アブルーツィ）608-615
68 聖デウスデディトゥス（別称アデオダトゥス１世；ローマ）615-618
69 ボニファティウス５世（ナポリ）619-625
70 ホノリウス１世（カンパニア）625-638
71 セヴェリヌス（ローマ）640
72 ヨハネ４世（ダルマティア）640-642
73 テオドルス１世（ギリシア）642-649
74 聖マルティヌス１世殉教者（トディ）649-655、653より流刑
75 聖エウゲニウス１世（ロー

マ）654-657
76 **聖ヴィタリアヌス**（セニ）657-672
77 **アデオダトゥス2世**（ローマ）672-676
78 **ドヌス**（別称ドムス；ローマ）676-678
79 **聖アガト**（シチリア）678-681〔680　第三コンスタンティノープル公会議〕
80 **聖レオ2世**（シチリア）682-683
81 **聖ベネディクトゥス2世**（ローマ）684-685
82 **ヨハネ5世**（シリア）685-686
83 **コノン**（出身地不明）686-687
84 **聖セルギウス1世**（シリア）687-701
85 **ヨハネ6世**（ギリシア）701-705
86 **ヨハネ7世**（ギリシア）705-707
87 **シシニウス**（シリア）708.1-708.2
88 **コンスタンティヌス**（シリア）708-715
89 **聖グレゴリウス2世**（ローマ）715-731
90 **聖グレゴリウス3世**（シリア）731-741
91 **聖ザカリアス**（ギリシア）741-752
92 **ステファヌス2世**（3世）（ローマ）752-757
93 **聖パウロ**（パウルス）**1世**（ローマ）757-767
94 **ステファヌス3世**（4世）（シチリア）768-772
95 **ハドリアヌス1世**（ローマ）772-795〔787　第二ニカイア公会議〕
96 **聖レオ3世**（ローマ）795-816〔800　シャルルマーニュ（カール）一世西ローマ皇帝戴冠〕
97 **ステファヌス4世**（5世）（ローマ）816-817
98 **聖パスカリス1世**（ローマ）817-824
99 **エウゲニウス2世**（ローマ）824-827
100 **ヴァレンティヌス**（ローマ）827
101 **グレゴリウス4世**（ローマ）827-844
102 **セルギウス2世**（ローマ）844-847
103 **聖レオ4世**（ローマ）847-855
104 **ベネディクトゥス3世**（ローマ）855-858
105 **聖ニコラウス1世**（大）（ローマ）858-867
106 **ハドリアヌス2世**（ロー

マ）867-872
107　**ヨハネ８世**（ローマ）872-882
108　**マリヌス１世**（ガレーゼ）882-884
109　**聖ハドリアヌス３世**（ローマ）884-885
110　**ステファヌス５世**（６世）（ローマ）885-891
111　**フォルモスス**（ボルト）891-896
112　**ボニファティウス６世**（ローマ）896
113　**ステファヌス６世**（７世）（ローマ）896-897
114　**ロマヌス**（ガレーゼ）897
115　**テオドルス２世**（ローマ）897
116　**ヨハネ９世**（ティヴォリ）898-900
117　**ベネディクトゥス４世**（ローマ）900-903
118　**レオ５世**（アルデア）903
119　**セルギウス３世**（ローマ）904-911
120　**アナスタシウス３世**（ローマ）911-913
121　**ランド**（サビナ）913-914
122　**ヨハネ１０世**（イモラ）914-928
123　**レオ６世**（ローマ）928
124　**ステファヌス７世**（８世）（ローマ）928-931
125　**ヨハネ１１世**（ローマ）931-935
126　**レオ７世**（ローマ）936-939
127　**ステファヌス８世**（９世）（ローマ）939-942
128　**マリヌス２世**（ローマ）942-946
129　**アガペトゥス２世**（ローマ）946-955
130　**ヨハネ１２世**（トゥスクルム）955-964
131　**レオ８世**（ローマ）963-965
132　**ベネディクトゥス５世**（ローマ）964-966
133　**ヨハネ１３世**（ローマ）965-972
134　**ベネディクトゥス６世**（ローマ）973-974
135　**ベネディクトゥス７世**（ローマ）974-983
136　**ヨハネ１４世**（パヴィア）983-984
137　**ヨハネ１５世**（ローマ）985-996
138　**グレゴリウス５世**（ザクセン）996-999
139　**シルヴェステル２世**（オーベルニュ）999-1003
140　**ヨハネ１７世**（ローマ）1003
141　**ヨハネ１８世**（ローマ）

1004-09
142 セルギウス４世（ローマ）1009-12
143 ベネディクトゥス８世（トゥスクルム）1012-24
144 ヨハネ19世（トゥスクルム）1024-32
145 ベネディクトゥス９世（トゥスクルム）1032-44
146 シルヴェステル３世（ローマ）1045.1.20-2.20
147 ベネディクトゥス９世（２回目）1045.4.10-5.1
148 グレゴリウス６世（ローマ）1045-46
149 クレメンス２世（ザクセン）1046-47
150 ベネディクトゥス９世（３回目）1047-48
151 ダマシウス２世（バイエルン）1048
152 聖レオ９世（アルザス）1049-54〔1054　東西教会分裂〕
153 ヴィクトル２世（シュバーベン）1055-57
154 ステファヌス９世（10世）（ロレーヌ）1057-58
155 ニコラウス２世（ブルゴーニュ）1059-61
156 アレクサンデル２世（ミラノ）1061-73
157 聖グレゴリウス７世（トスカナ）1073-85〔1075　法王聖職叙任権宣言、1077　カノッサの屈辱〕
158 福者ヴィクトル３世（ベネヴェント）1086-87
159 福者ウルバヌス２世（フランス）1088-99〔1096　第一回十字軍（～99)、1098　シトー会創立〕
160 パスカリス２世（ラヴェンナ）1099-1118
161 ゲラシウス２世（ガエータ）1118-19〔1119　テンプル騎士団創立〕
162 カリストゥス２世（ブルゴーニュ）1119-24
163 ホノリウス２世（イモラ）1124-30
164 イノケンティウス２世（ローマ）1130-43
165 ケレスティヌス２世（シッタ・デル・カステロ）1143-44
166 ルキウス２世（ボローニャ）1144-45
167 福者エウゲニウス３世（ピサ）1145-33〔1147　第二回十字軍（～49)〕
168 アナスタシウス４世（ローマ）1153-54
169 ハドリアヌス４世（イギリス）1154-59
170 アレクサンデル３世（シエ

ナ）1159-81
171　**ルキウス3世**（ルッカ）1181-85
172　**ウルバヌス3世**（ミラノ）1185-87
173　**グレゴリウス8世**（ベネヴェント）1187
174　**クレメンス3世**（ローマ）1187-91〔1189　第三回十字軍（～92）〕
175　**ケレスティヌス3世**（ローマ）1191-98
176　**イノケンティウス3世**（アナーニ）1198-1216〔1202　第四回十字軍（～04）〕
177　**ホノリウス3世**（ローマ）1216-27〔1217　第五回十字軍（～21）〕
178　**グレゴリウス9世**（アナーニ）1227-41〔1228　第六回十字軍（～29）〕
179　**ケレスティヌス4世**（ミラノ）1241
180　**イノケンティウス4世**（ジェノヴァ）1243-54〔1248　第七回十字軍（～54）〕
181　**アレクサンデル4世**（アナーニ）1254-61
182　**ウルバヌス4世**（フランスのトロワ）1261-64
183　**クレメンス4世**（フランス）1265-68〔1265　トマス・アクィナス『神学大全』（～73）、1270　第八回十字軍〕
184　**福者グレゴリウス10世**（ピアチェンツァ）1271-76
185　**福者イノケンティウス5世**（サヴォア）1276
186　**ハドリアヌス5世**（ジェノヴァ）1276
187　**ヨハネ21世**（リスボン）1276-77
188　**ニコラウス3世**（ローマ）1277-80
189　**マルティヌス4世**（フランス）1281-85
190　**ホノリウス4世**（ローマ）1285-87
191　**ニコラウス4世**（アスコリ）1288-92
192　**聖ケレスティヌス5世**（イセルニア）1294
193　**ボニファティウス8世**（アナーニ）1294-1303
194　**福者ベネディクトゥス11世**（トレヴィゾ）1303-04〔1303　アナーニ事件〕
195　**クレメンス5世**（フランス）1305-14〔1309　法王庁アヴィニヨンに移る（～77）〕
196　**ヨハネ22世**（カオール）1316-34
197　**ベネディクトゥス12世**（フランス）1334-42

198 **クレメンス6世**（フランス）1342-52
199 **イノケンティウス6世**（フランス）1352-62
200 **福者ウルバヌス5世**（フランス）1362-70
201 **グレゴリウス11世**（フランス）1370-78
202 **ウルバヌス6世**（ナポリ）1378-89
203 **ボニファティウス9世**（ナポリ）1389-1404
204 **イノケンティウス7世**（スルモナ）1404-06
205 **グレゴリウス12世**（ヴェネツィア）1406-15〔1414 コンスタンツ公会議（～18）〕
206 **マルティヌス5世**（ローマ）1417-31〔1431 フランス ジャンヌ・ダルク火刑〕
207 **エウゲニウス4世**（ヴェネツィア）1431-47
208 **ニコラウス5世**（サルツァナ）1447-55
209 **カリストゥス3世**（ヴァレンシア）1455-58
210 **ピウス2世**（シエナ）1458-64
211 **パウロ2世**（ヴェネツィア）1464-71
212 **シクストゥス4世**（サヴォナ）1471-84
213 **イノケンティウス8世**（ジェノヴァ）1484-92
214 **アレクサンデル6世**（ヴァレンシア）1492-1503〔1498 サヴォナローラ火刑〕
215 **ピウス3世**（シエナ）1503
216 **ユリウス2世**（サヴォナ）1503-13〔1506 サン・ピエトロ大聖堂建設始まる〕
217 **レオ10世**（フィレンツェ）1513-21〔1517 ルターの宗教改革〕
218 **ハドリアヌス6世**（ユトレヒト）1522-23
219 **クレメンス7世**（フィレンツェ）1523-34〔1534 イエズス会創立、イギリス王ヘンリー八世首長令発布〕
220 **パウロ3世**（ローマ）1534-49〔1545 トリエント公会議（～63）、1549 ザビエル鹿児島上陸〕
221 **ユリウス3世**（ローマ）1550-55
222 **マルケルス2世**（モンテプルチアノ）1555
223 **パウロ4世**（ナポリ）1555-59
224 **ピウス4世**（ミラノ）1559-65〔1562 フランスユグノー戦争（～98）〕
225 **聖ピウス5世**（アレキサン

ドリア）1566-72〔1571 レパントの海戦、1572 サン・バルテルミの虐殺〕

226 **グレゴリウス13世**（ボローニャ）1572-85〔1581 ネーデルラント独立宣言、1582 天正遣欧少年使節（～90）〕

227 **シクストゥス5世**（リパトランソネ）1585-90〔1589 ロシア正教会成立〕

228 **ウルバヌス7世**（ローマ）1590

229 **グレゴリウス14世**（クレモナ）1590-91〔1591 豊臣秀吉 禁教令〕

230 **イノケンティウス9世**（ボローニャ）1591

231 **クレメンス8世**（フィレンツェ）1592-1605〔1598 フランス ナントの勅令、1600 ブルーノ火刑〕

232 **レオ11世**（フィレンツェ）1605

233 **パウロ5世**（ローマ）1605-21〔1616 ガリレイ裁判始まる、1618 三十年戦争始まる（～48）〕

234 **グレゴリウス15世**（ボローニャ）1621-23

235 **ウルバヌス8世**（フィレンツェ）1623-44〔1640 ヤンセン論争起こる〕

236 **イノケンティウス10世**（ローマ）1644-55〔1648 ウェストファリア条約〕

237 **アレクサンデル7世**（シエナ）1655-67〔1662 パスカル没〕

238 **クレメンス9世**（ピストイア）1667-69

239 **クレメンス10世**（ローマ）1670-76

240 **福者イノケンティウス11世**（コモ）1676-89

241 **アレクサンデル8世**（ヴェネツィア）1689-91

242 **イノケンティウス12世**（スピナッツーラ）1691-1700

243 **クレメンス11世**（ローマ）1700-21

244 **イノケンティウス13世**（ローマ）1721-24

245 **ベネディクトゥス13世**（グラヴィナ）1724-30

246 **クレメンス12世**（フィレンツェ）1730-40

247 **ベネディクトゥス14世**（ボローニャ）1740-58〔1751 法王フリーメイスン破門〕

248 **クレメンス13世**（ヴェネツィア）1758-69

249 **クレメンス14世**（リミニ）1769-74〔1773 法王イ

エズス会に解散命令〕
250 **ピウス6世**（チェゼナ）1775-99〔1789　フランス革命〕
251 **ピウス7世**（チェゼナ）1800-23〔1801　法王ナポレオンと政教条約、1809　法王ナポレオンに逮捕される、1814　法王領再建、イエズス会再建〕
252 **レオ12世**（ファブリアーノ）1823-29
253 **ピウス8世**（キンゴリ）1829-30
254 **グレゴリウス16世**（ベルーノ）1831-46
255 **福者ピウス9世**（セニガリア）1846-78〔1858　南仏ルルドに聖母顕現、1861　イタリア王国成立、1869　第一ヴァティカン公会議（〜70）、1870　法王領イタリアに併合〕
256 **レオ13世**（イタリア・カルピネト）1878.2-1903.7
257 **聖ピウス10世**（イタリア・リエセ）1903.8-14.8〔1907　法王近代主義を弾劾〕
258 **ベネディクトゥス15世**（イタリア・ジェノヴァ）1914.9-22.1〔1917　ファティマに聖母顕現〕
259 **ピウス11世**（イタリア・デシオ）1922.2-39.2〔1929　ラテラノ条約、ヴァティカン市国成立、1937　ナチズム批判、共産主義批判〕
260 **ピウス12世**（イタリア・ローマ）1939.3-58.10
261 **聖ヨハネ23世**（イタリア・ソット・イル・モンテ）1958.10-63.6〔1962　第二ヴァティカン公会議（〜65）〕
262 **聖パウロ6世**（イタリア・ブレシア）1963.6-78.8〔1964　法王初のエルサレム巡礼、1965　東西教会和解〕
263 **ヨハネ**（ヨハネス）**＝パウロ**（パウルス）**1世**（イタリア・フォルノ・ディ・カナレ）1978.8.26-9.28
264 **聖ヨハネ＝パウロ2世**（ポーランド）1978.10-2005.4〔1992　ガリレイ名誉回復、1996　法王進化論正式受容、1997　法王ユダヤ人迫害謝罪、2000　法王過去の罪を謝罪〕
265 **ベネディクト16世**（ドイツ）2005.4-13.2
266 **フランシスコ**（アルゼンチン）2013.3-

参考文献

第四章のヨハネ＝パウロ二世とアメリカ、ポーランドの関係については多くをCarl Bernstein/Marco Politi, *His Holiness: John Paul II and the Hidden History of our Time*, Doubleday, 1996 のフランス語版 *Sa Sainteté*, Plon, 1996 に負っている。

主な参考文献は以下のものである。

F. Chiovaro/G. Bessière, *Urbi et Orbi: Deux Mille ans de Papauté*, Gallimard, 1995
J-M, di Falco, *Le Journal des Papes*, Ramsay, 1995
M-C. Ray, *Les Catholiques aux Etat-Unis*, Cerf, 1996
L. Salle, *Femme au Vatican*, Ramsay, 1997
L. Schrauwen, *Le Mystère Jean-Paul Ier*, Marabout, 1995
J-B. D'onorio, *Le Saint-Siège Dans les Relations Internationales*, Cerf/Cujas, 1989
J-F. Furnemont, *Le Vatican et L'ex-Yougoslavie*, L'harmattan, 1996
H. Tincq, *Défis au pape du IIIe millénaire*, Lattès, 1997
A. P. Bagliani, *Le corps du pape*, Seuil, 1997
M. Launay, *La papauté à l'aube du XXe siècle*, Cerf, 1997
Annuaire Statistique de L'èglise, 1996
Théo, Droguet & Ardant/Fayard, 1995

その他多くの新聞・雑誌の記事を参考にした。もっともよ

く使ったものは *La Vie* と *Témoinage Chrétien* である。その他の雑誌は以下の通り。

L'Actualité Religieuse より多数
L'Esprit Libre, Janvier 1995
Notre Histoire, 145/148/150
Actualité de L'histoire Mystérieuse, Décembre 1995

本書は二〇〇五年六月に中公文庫より刊行された『ローマ法王　二千年二六五代の系譜』を加筆修正したものです。

〈各章扉の写真提供〉
序　章　ユニフォトプレス
第一章　ABACA／ニューズコム／共同通信イメージズ
第二章　ユニフォトプレス
第三章　ユニフォトプレス
第四章　UPI＝共同
第五章　ロイター＝共同
第六章　ABACA／ニューズコム／共同通信イメージズ

ローマ法王《ほうおう》

竹下節子《たけしたせつこ》

令和元年 10月25日　初版発行
令和7年 5月20日　4版発行

発行者●山下直久

発行●株式会社KADOKAWA
〒102-8177　東京都千代田区富士見2-13-3
電話　0570-002-301（ナビダイヤル）

角川文庫 21870

印刷所●株式会社KADOKAWA
製本所●株式会社KADOKAWA

表紙画●和田三造

●お問い合わせ
https://www.kadokawa.co.jp/（「お問い合わせ」へお進みください）
※内容によっては、お答えできない場合があります。
※サポートは日本国内のみとさせていただきます。
※Japanese text only

ISBN 978-4-04-400520-7　C0116

◆◇◇

角川文庫発刊に際して

角　川　源　義

第二次世界大戦の敗北は、軍事力の敗北であった以上に、私たちの若い文化力の敗退であった。私たちの文化が戦争に対して如何に無力であり、単なるあだ花に過ぎなかったかを、私たちは身を以て体験し痛感した。西洋近代文化の摂取にとって、明治以後八十年の歳月は決して短かすぎたとは言えない。にもかかわらず、近代文化の伝統を確立し、自由な批判と柔軟な良識に富む文化層として自らを形成することに私たちは失敗して来た。そしてこれは、各層への文化の普及滲透を任務とする出版人の責任でもあった。

一九四五年以来、私たちは再び振出しに戻り、第一歩から踏み出すことを余儀なくされた。これは大きな不幸ではあるが、反面、これまでの混沌・未熟・歪曲の中にあった我が国の文化に秩序と確たる基礎を齎らすためには絶好の機会でもある。角川書店は、このような祖国の文化的危機にあたり、微力をも顧みず再建の礎石たるべき抱負と決意とをもって出発したが、ここに創立以来の念願を果すべく角川文庫を発刊する。これまで刊行されたあらゆる全集叢書文庫類の長所と短所とを検討し、古今東西の不朽の典籍を、良心的編集のもとに、廉価に、そして書架にふさわしい美本として、多くのひとびとに提供しようとする。しかし私たちは徒らに百科全書的な知識のジレッタントを作ることを目的とせず、あくまで祖国の文化に秩序と再建への道を示し、この文庫を角川書店の栄ある事業として、今後永久に継続発展せしめ、学芸と教養との殿堂として大成せんことを期したい。多くの読書子の愛情ある忠言と支持とによって、この希望と抱負とを完遂せしめられんことを願う。

一九四九年五月三日